翻轉學

翻轉學

日本股神屢戰屢勝的
技術線圖投資法

108張圖╳40種K線組合╳23款獨門判讀祕訣，

讓你第一次學技術分析就高效獲利

相場師朗 著 李貞慧 譯

 目　錄

第
5
章

提高勝率的獨門判讀祕訣：6款趨勢轉換訊號

前言

看懂線圖，
是縱橫股市的必備技能

　　投資股市，只要懂得看線圖就行了。因為不論是市場檯面上、檯面下發生的事，或是市場心理、買賣盤算，都會反應在線圖上。

　　線圖這個字，其實有「航海圖」的意思。航海圖記錄水深、潮流、海底和海岸地形等，只要看著航海圖就可以安全航行在大海上，不用擔心撞上暗礁，或被複雜的洋流吞沒。

　　股市投資中的線圖也有一樣的功用。

　　投資人的眼前是一片寬廣的股市汪洋，船隻航行其上，海象有時平和，有時波瀾萬丈。為了更安全地交易，收穫更多成功的果實，投資人需要等同於航海圖的線圖，提示大家前進的方向，這是不言而喻的事實。

　　每當股價震盪趨勢轉換時，事前一定會出現相同的訊號，幾乎毫無例外。也就是會出現即將跌停或漲幅的訊號，就如同預兆。這也正是本書要談的各種訊號。這些訊號是我投資股票 36 年來，利用過去數十年間的日經指數和個股股價等，驗證、分析長達數萬年的膨大時間的線圖後，獨自開發出來的結果。訊號包含了 K 線、移動

平均線、高點、低點等，每種訊訊號我都有獨特的命名。

本書把這些訊號化為有趣角色並整理成圖鑑。同時搭配實際的線圖，顯示訊號出現時的股價動向，讓買賣點更為明確。

另外，**我還會在本書中公開新開發的均線和 K 線祕技**。新祕技可以更精準地預測股價走勢，對此，我相當有自信地推薦給大家。

本書的內容都是可以現學現用的內容。換句話說，這是一本每翻一頁，就會更深入相場師朗世界的有趣實用書籍。

再者，我也著手研究自江戶時代流傳至今的線圖分析工具「酒田戰法」，並將結果加入本書中。酒田戰法是江戶時代起源的著名 K 線分析手法。現在也有不少人運用酒田戰法投資，甚至還出版相關書籍。既然大家覺得這種手法這麼好用，就一定有值得我學習的地方，所以我用了 30 年的日經指數進行驗證。

結果顯示，很遺憾，這並不值得學習（第 3 章將說明結果）。「晨星」、「夜星」都不適用於現代股市。

1976 年，汽車評論家德大寺有恒出了一本書《錯誤百出的選車方式》，毒舌批評「引擎很爛」、「過時又老氣」等，讓當時的愛車人士有種恍然大悟的感覺。

酒田戰法也可說是「錯誤百出的酒田戰法」。對於酒田戰法的信奉者來說，這或許是個令人震驚的結果。

我認為，與其花時間去記住酒田戰法，不如把時間拿來學會本書的技巧。我常說，要在股市中勝出，不需要學歷、洞察力，更不

需要任何基本面分析。現在我要再加上一項：不需要酒田戰法。

我自詡為「股市職人」。

所謂職人，就是磨練技術到極致的技術人員，能隨心所欲地運用道具製造物品。投資也一樣，只要磨練運用道具的手法，並加以鍛鍊，自然可以得到好成果。

本書提及的訊號、新祕技，都是讓人在股市中勝出的道具。道具唯有能運用自如才有意義。然而「運用自如」說來簡單，做起來可沒那麼容易。因為實際操盤時必須能立即洞察訊號，並即時因應才行。

因此，請先徹底牢記本書提及的技術，並回顧過去的線圖，反覆練習讀取訊號、預測走勢。長此以往一定可以隨心所欲地運用這些技術。只要熟讀並學會本書中的技術，一定可以飛躍性地提升你的技巧，讓你成長為可以一輩子在股市中所向披靡的股市職人。最後請大家一邊享受滿載相場世界的獨特圖鑑，一邊學習帶領你走向成功康莊大道的各種技術吧。

相場語錄❶

不想陷入股市甜蜜
陷阱的小蜜蜂

股市職人相場師朗，
在讀書會和演講會上常提出許多名言佳句。
這些佳句不但簡單明瞭又幽默，還一針見血。
本書也會告訴大家這些小有助益的語錄喔！

股票投資靠的是技術！

只要不斷練習，學會隨心所欲運用道具的技術，
股票投資自然越來越精進，將得到好的成果。

股市職人
相場師朗

序章

與線圖的初次接觸，
竟讓我心醉神迷

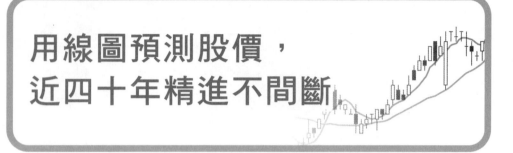

用線圖預測股價，
近四十年精進不間斷

成為股市職人的終身目標

對我來說，所謂「職人」，就是埋首精進技術，以熟練的技術製造物品，自尊心很強的專家。

這也正是我的目標所在！所以我希望自己成為一名股市職人。

為了在股市中創佳績，我每天都在磨練自己的技術。我研讀包含日經指數在內，各種個股過去 30 年的線圖，每天努力精益求精，在腦海中建構、解讀股價走勢的「迴路」。

我終於發現了「下半身」、「分歧」、「9 日法則」等股價走勢預測技巧。我很自豪，因為這是獨一無二、唯我獨用的技術。

職人必須經過很長時間的學習鍛鍊才能出師，我也一樣。我並不是有天突發奇想，突然就說「我要用線圖預測股價走勢！」經過三十多年的學習鍛鍊，才有今天的我。當然，我現在也仍在持續學習鍛鍊中。

接下來要跟大家分享，在我年輕時開竅之後，活用線圖進行技

術分析，以成為股市職人為目標，日復一日，努力不懈的經驗。希望我的經驗可以成為想成為股市職人的各位，成長茁壯的參考！同時我也希望大家能理解，我在自己的著作和讀書會上提及的各種技術，都是我自身實際體驗和學習鍛鍊的所得。

澈底改變我的人生事件

當我知道線圖存在的那一天，至今我仍記憶猶新。如果沒發生那件事，可說現在就不會有相場師朗的存在。三十多年前那個時代，根本沒人可以想像得到，未來任何人都可以在網路上買賣股票。

當時我還是正值青春的 20 歲學生。腦袋裡想的不外乎是怎麼做才能認識美女、交個美女當女朋友……想是這麼想，但我是一個耿直又單純的學生，連開口和女生說話都需要極大的勇氣。有一天我想著：「看看電視殺殺時間吧！」就走向客廳。一打開客廳的門，看到爸爸慌慌張張地把不知什麼藏到椅子靠墊後方，看起來好像是一本筆記本。

「爸爸藏起來的東西……是不能給別人看的東西嗎？是被別人看到很丟臉的東西嗎？一定是這樣沒錯！！」

身為身心健全的男學生，我的想像不斷發酵，忍不住想確認爸爸藏起來的東西到底是什麼。我腦海中充斥著說不定是養眼的寫真集等幻想，不過爸爸當然完全不知道，還一副沒事的樣子，就這麼站起來走出客廳。

這真是天賜良機！

比性感寫真更讓我著迷的股市線圖

我忐忑不安地從靠墊後方找到父親藏的東西，發現那竟然是手畫 K 線和用直線連接收盤價的線圖！

在那之前，我的生活中根本沒有 K 線和股價等存在，所以我還花了一點時間，才想到那是日線圖。等我發現那是線圖，我竟然沒有「搞什麼啊。原來不是寫真集，真令人失望」的想法，反而看到著迷了。

一條又一條的紅 K 線矗立著，越來越高聳，收盤價的折線圖也隨之急升。當終於觸頂，出現了不吉祥的黑 K 線，然後反轉向下。中途紅 K 線看來好像有些掙扎反彈……

我內心激動不已。這實在是極為性感的形狀，瞬間我就成為線圖的迷弟了。

爸爸手繪的線圖是製糖公司「鹽水港精糖」的股價走勢圖。這是一家 1904 年創業的東證一部上市公司。

我立刻湧出「我也想投資股票！」的想法。鹽水港加上精糖的公司名稱，讓我連想到用船把甘蔗運到港口的樣子。

船！我腦海立刻浮現日本郵船公司，很單純的想法。

線圖其實也有航海圖的意思，指引航行在浩瀚汪洋上的船隻。這麼一想，日本郵船還真是極為合適的選擇。

我立刻買了方眼紙，然後調查每日股價的動向，畫出一根又一

根的 K 線。我是一個死腦筋，只要對一件事感興趣，就會鑽牛角尖到底。畫線圖，然後一直盯著它看。日復一日，不斷重複。然後好像真被我看出一點東西了。

原本直直上升的線條，變成有上影線的黑 K 線；經過一段時間的盤整後，接著是一串黑 K 線一路下滑。然後 K 線越來越短，三不五時會出現紅 K 線的身影，出現長長的下影線，止跌……雖然不知所以然，但我慢慢可以預測股價走勢了。

我把打工賺來的錢投入股市。雖然是股市新手，我竟然賺到錢了。預測正確的喜悅超乎想像，真的讓我喜出望外。

我想爸爸也是一樣的，他一定也是看著線圖預測走勢，如果股

第一次看到線圖，雀躍不已♥

價真的照著自己的預測發展，就很高興地投資。也就是說我們父子
二人真的是地道的技術分析派。

　　20 歲的年輕小伙子有了預感：線圖可能就是我生涯的伴侶。

相場語錄❷

我是股市職人！

\ 語錄解說 /

想在股市中成功獲利，就要磨練自己的技術，運用自如，以成為股市職人為目標。買賣時牢記「我是股市職人」，自然而然會專注精神。這樣也有助於讓自己用嚴肅的心態在股市衝刺吧。

還要以成為具備更高技術的「股神」為目標

第 **1** 章

為什麼投資股票，
只看線圖就能獲利？

記錄 6,000 個交易日，
光看收盤價就能預測走勢

在股市世界，努力和鍛鍊缺一不可

學生時代，我靠著買賣日本郵船股票賺了一點錢，但股市也沒那麼好混，我也很清楚我無法以此為生。因此畢業後我決定先成為一個獨立的社會人士，進入一家和股票投資一點兒關係也沒有的公司就職。

誰知道，後來我因緣巧合得以進入金融機關服務，還被分發到自營部。

當時的股票投資和現在不同，下單買賣撮合等都是人工交易。我想長輩們應該還記得，當時證交所內還有交易廳，報唱交易聲此起彼落，好不熱鬧。真的是一個很俗氣的世界。然而，這或許正是股票投資最原始的樣貌。

在電腦或手機上輕輕點一下，就可以賺到數十萬日圓。這聽來就像是一個高尚的世界，有些人可能是在這種想像下進入股票投資的世界。但是這誤會可大了。股票投資，原本就是一個俗氣且需要毅力的世界。如果想賺到錢，就必須一步一腳印的努力和鍛鍊。

我經常告訴大家：「**練習再練習！努力終有回報！**」正是因為股票投資原本就是一個不起眼的俗氣世界。而當時還是新人的我受命參加的研習，課程內容也是既不起眼又俗氣，也就是把 30 年來的日經指數每日收盤價全部抄寫在本子上，從 30 年前的收盤價開始，一直到目前為止。

以 2019 年 1 月的收盤價為例：

19561、20038、20204、20427、20163、20359、20555、20442、20402、20666、20719、20622、20593、20574、20773……就像這樣一直抄寫在本子上。

股市一年的營業日約 200 日，30 年就相當於 6,000 日。這麼大量的數字排在一起，自然有規則可循。

慢慢地，我開始可以從收盤價預測下一步的股價走勢！

　　這是底部、在這裡起漲觸頂、跌了反彈、漲勢受阻……那下一步呢？會漲還是會跌呢？

　　慢慢地，**我光看著收盤價，就可以預測走勢**，光這樣就可以投資買賣了。因為是研習，我也會和新人同事們討論這些數字。討論時也發生了趣事。

經濟指標、年度財報、國際情勢……都會反映在股價

常把股價數字搞得太複雜

頭腦好的人可能就會開始想為什麼會止跌？為什麼會觸頂？

他們會著手調查是否出現什麼經濟指標、發生什麼事件或社會現象，以調查數字的背景。甚至是企業業績、美國就業統計資料、美金日圓匯率、國際情勢等。桌上堆積如山的資料，包含了報紙、財報、白書、報告等，然後五、六個人就努力研讀，開始預測股價走勢。

明明只看股價數字就可以判斷股價趨勢和走向，他們的做法只是讓事情越來越複雜。如果志在成為經濟學家也就算了，可是我們明明只是想靠投資賺錢而已……

不需要探索經濟狀況的基本面分析

經濟指標也好，結算結果也罷，最終都會反映在股價上。所以只看股價數字判斷，也可以獲利。探究影響股價的原因究竟有什麼意義呢？我開始覺得「是不是根本不需要基本面分析？」

研習結束後，我終於開始實際進場買賣股票。學生時代我就有過光看 K 線圖買賣日本郵船股票而獲利的經驗，所以我以為在金融機關也只要依樣畫葫蘆即可。

我真是大錯特錯。

判斷買賣時機，不必做複雜的企業分析

決定買賣某檔個股前，必須分析該公司的財報和營運計畫，讀調查公司提供的報告，判斷成長性等。有時還必須去見該公司的幹部或財務負責人，經過複雜計算才能預測股價等，其實有很多很細節的步驟。

終於拿到買賣股票的許可後，我們會在紙上寫下從幾月幾日起連續幾天買進，例如買進 50 萬股，然後交給交易員。交易員每天在市場上買進一點點。一次買進 50 萬股會導致股價暴漲，所以分幾次買進。

回到本題。根據我的經驗，就算不做複雜的企業分析，**只靠線圖判斷買賣，應該也可以獲利**。所以我就想到一招。也就是先用線圖分析買賣時機，然後再寫一份煞有介事的報告，請上司批准。我這樣做了幾筆交易，果然成果就如同我的預期！而且我的獲利還是首屈一指的水準。

現在我之所以敢斷言「只要看線圖即可！」就是因為有過這種成功體驗。

線圖，就像股票的 X 光片

不只基本面分析會影響股價，投資人的心理欲望也會

投資不需要基本面分析。

我確信這一點後，就結束在金融機關的學習。我辭去工作，進入下一階段的學習，也就是每天看著線圖磨練技術，確立獨一無二的技巧。之後不論是睡著還是醒著，我把日常生活全奉獻給線圖分析，一個人走在旁人口中的「變態之路」上，直至今日。

相場流投資術完全不重視基本面分析。因為只要看著線圖上的股價變化，就可以預測今後的股價。雖然有點突兀，不過在這裡我要跟大家分享一個朋友的例子。他是腦外科醫師，也是股票教室的學員。

他看病時很重視 X 光片。據他說所有線索都藏在 X 光片中。不論患者再怎麼強調「我都有聽醫生的話」，只要看 X 光片，他就知道患者有沒有說謊……也就是說，患者所言不一定為真，只要看 X 光片就可以撥雲見日。這和「只要看線圖即可」的說法是不是很像？

　　就算業績、本益比（P/E Ratio）、股價淨值比（P/B Ratio）等數字真的都很漂亮，光靠這些數值決定「要買賣這檔個股」，我想這種交易方式很難讓散戶累積出令人滿意的資產。

　　因為不只基本面因素會影響股價，投資人的鑽牛角尖和心理、欲望也會左右股價。

股價波動看供需

　　經濟學家凱因斯在自己的著作中，批評投資人的行為「和選美投票一樣」。他所謂的「選美投票」就是從 100 張照片中，投票給自己認為是「美人」的女性，主辦單位會發獎金給得票最多的女性。凱因斯認為這種投票方式，大家投的不是「自己認為美」的女性，而是投給「一般人認為美」的女性，他力主投資人也有一樣的行為模式。

　　這到底是什麼意思呢？我用股票投資來說明。

　　就算自己因為業績好而打算買進這檔股票，但其他投資人沒有一樣的想法，股價還是不會漲。反而是要去預測並買進大多數投資人想買的個股，才能獲利。

　　供需左右股價波動。所謂供需，其實就是買方和賣方的角力關係。供需會受到投資人的心理，如「買的人好像很多，我也來買吧」、「漲太高了，該賣了」影響。

　　這麼一來，其實就和選美投票的心理一樣，也就可以說只要看

準投資人的心理買賣，即可獲利。所以投資人的心理會造就股價漲、跌、盤整的走勢。只要順利搭上走勢順風車，應該就可以利上加利。不管是南風還是北風，順著風走最快。投資股市也是一樣的道理。

　　不管基本面如何，是否能搭上股價走勢這台順風車，才是「賺到錢、賺不到錢」的分水嶺。這種說法一點兒也不誇張。

如何培養預測股價波動的能力？

推薦市值和成交量大的個股

前文提到分析線圖後買賣，才是可以獲利的投資方法。所以如果你的目標是成為股市常勝軍，就必須看大量的線圖，充分運用本書中的技巧判斷趨勢，培養預測股價波動的能力。

話雖如此，可是光是東京證券交易所（簡稱東證一部）就有約3,600 家上市公司（2020 年台灣約有 994 家上市公司）。到底該看哪一家公司的線圖才好呢？真是令人頭痛不已。

此時，你應該看的標的，其實就是市值 3,000 億日圓以上，每日成交量 50 萬股以上的個股*。**市值和成交量大的個股波動穩定，因此容易判斷趨勢。**具體來說其實就是東京證券交易所裡，採用的 225 檔個股的「日經指數」、獲利高外資也有興趣的「JPX 日經400」等**。

---

* 在日本，股票單位分為 100 股或 1000 股。在台灣，一張股票等於 1000 股；美國 1
　張股票等於 100 股。

** 等同台灣 0050 或其他指數的 ETF 指標。

　　市值和成交量小的個股真的要買賣時，可能無法順利撮合，或少量交易也可能引發股價劇烈震盪，走勢不穩定。不只是看線圖時要選擇大型標的，選擇投資標的時，相場流投資術也會選擇東證一部上市的大型標的。

　　寫到這裡，大家應該可以了解為什麼我敢斷言「只要看線圖即可」了吧。第 2 章開始我要跟大家分享對股市職人來說，獲勝不可或缺的武器。

第 2 章

股市常勝必學的
「K線」與「均線」

什麼是 K 線？

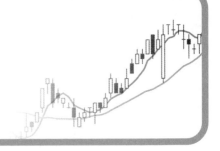

自江戶時代米市行情衍生的 K 線

買賣要常勝，就必須具備看線圖預測股價的能力。如同第 1 章的說明，基本面分析並非必要。看線圖時我們用的是 K 線和均線。

首先說明 K 線的基礎知識。

追本溯源，K 線的起源可以回溯到江戶時代的米市行情。

白米的期貨、現貨交易市場源自 1730 年的大阪堂島。這也是全球首見的期貨交易市場。交易方式幾乎和現在一樣。說得極端一點，你覺得未來的價格比現在貴就先買進，覺得未來的價格比現在便宜就先賣出，到時再買回來。隨著白米商人越來越多，他們的盤算和策略也會影響價格。因此為了預測行情走勢，本間宗久發明了 K 線。

雖然無法證實 K 線發明人到底是不是本間宗久，但 K 線本身是日本獨家發明，然後流傳到全世界，成為可讀取投資人心理和市場行情走勢的線圖，這一點倒是無庸置疑。

收盤價相同，也可由 K 線形狀看出走勢

K 線，又稱「日本蠟燭線」，用以表示某段期間的股價波動。這段期間如果是 1 日就稱為日線，1 週就稱為週線，1 個月就稱為月線。而 K 線排列出的線型就是 K 線圖。

K 線由實體（燭身）和影線（燭芯）組成，K 線又分成紅 K 線和黑 K 線兩種。不論哪一種 K 線，實體兩端都表示開盤價和收盤價。收盤價高於開盤價時就是紅 K 線，反之則為黑 K 線。在台灣，線圖上漲 K 線都以紅色表示（本書以白色表示），下跌黑 K 線則以綠色表示（歐美則相反；日本是紅 K 線以白色、黑 K 線以黑色表示）。

影線則有上影線和下影線，表示那段期間（1 日、1 週、1 個月）的最高價、最低價。

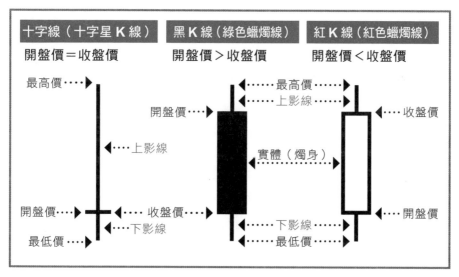

圖表 1　什麼是 K 線？

　　只要看 K 線，那段期間的股價走勢就一目了然。是開高走低還是開低走高？還是雖然中途波瀾萬丈卻以平盤作收呢？

　　一樣收在 300 點，是漲勢強勁下的 300 點，還是上漲動能不足的 300 點？從 K 線就可以看出行情走勢。只要知道行情走勢，自然可以做為預測趨勢，判斷該買還是賣的線索。

K 線形狀可以預測 買賣勢力與走勢

紅 K 線、黑 K 線、影線就是判斷趨勢資訊

接著說明一些，可供大家推測漲跌等趨勢的代表性 K 線形狀。

表示漲勢強勁的 K 線是**長紅 K 線**，實體很長，影線很短。一眼看去是不是讓人覺得投資人買氣勢如虹呢？

下影線比實體長的紅 K 線，表示股價下跌後又反彈上漲，以高點作收，這也表示買勢強勁。長紅 K 線的相反就是**實體長的黑 K 線（長黑 K 線）**，看得出賣氣沸騰。對賣方來說或許是很有氣勢的 K 線，但卻表示市場行情疲軟。有上影線的黑 K 線也表示雖然盤中上漲，卻在收盤時失速，下跌作收。

十字線表示雖有上下波動，但結果仍舊不變。看得出來投資人一個頭兩個大，不知到底該買還是該賣。

還有一種 K 線的日文名稱很不吉利，稱為**墓塔**，也就是**倒 T 字型 K 線**。這是沒有下影線的十字線，也就是急漲後急跌，收盤價同開盤價，表示買方氣勢無法持續的形狀。

名稱	形狀	意義
長紅 K 線		實體比影線長的紅 K 線。股價收在高點，表示多頭強勢，可期待繼續上漲。
長黑 K 線		實體比影線長的黑 K 線。股價收在低點，表示賣壓強勁，行情不佳。
小紅 K 線		實體短，也有影線。是局勢不明，盤整局面常見的紅 K 線，如果連續出現也可能演變成長紅 K 線。
小黑 K 線		實體短，也有影線。收盤價低於開盤價，看得出投資人氣勢萎靡，或有迷惘。常出現於盤整局面。
有下影線的紅 K 線		下影線比實體長的紅 K 線。開盤價雖低，但買氣集中以高點作收。如果出現在下跌趨勢中表示可能要打底。
有下影線的黑 K 線		下影線比實體長的黑 K 線。雖然大跌，最後卻回升到收盤價。表示跌勢暫停，可能反彈上漲。
有上影線的紅 K 線		上影線比實體長的紅 K 線。雖然開高卻無法持續，漲勢出現陰影。可推測即將反轉向下或進入盤整局面。
有上影線的黑 K 線		盤中觸及高點卻以低點作收。看得出投資人的失望。出現在上漲趨勢時可預測即將做頭反轉，出現在下跌趨勢時則可預測將繼續下跌。
十字線（十字星 K 線）		收盤價等於開盤價。沒有實體的 K 線。會出現在行情轉換期。
墓塔（倒十字型 K 線）		長長的上影線表示多頭勢力占上風，但空頭勢力逆襲，結果以開盤價作收。股價觸及高點後遭大量賣出，空頭勢力占上風。

圖表 2　各種 K 線形狀

K 線的 4 種基本線型

　　一根 K 線稱為單線。組合單線就會出現在將於第 3 章說明的「晨星」、「夜星」、「紅三兵」等線型。無論是紅 K 線還是黑 K 線，單線的基本線型有 4 種，每種都提供了解讀趨勢和投資人心理的線索。

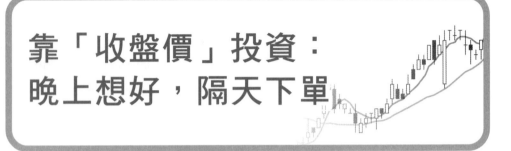

靠「收盤價」投資：
晚上想好，隔天下單

買賣時間點，就是當天收盤前

股價持續前一天的漲勢持續上漲，可是到了下午 3:00 收盤卻大跌，原來這一天其實是下跌趨勢的轉換點……這種狀況屢見不鮮。

即使開高，在收盤前都不會知道收盤價究竟會不會比前一天高。可以說，盤中競價的動向實在作不得準。**相場流投資術的基礎就在於看趨勢。**我也說過看趨勢的資料來源之一，就是可以了解行情走勢的 K 線。

然而，在股價波動不定，且 K 線也尚未完成的盤中競價時，很難判斷趨勢。因此，盤中競價階段不適合買賣。那麼到底要在什麼時間點，判斷是否要進行買賣呢？

其實就是在收盤前半小時，以日股來說就是在下午 2:30 分到 3:00 之間（台股收盤時間為下午 1:30）。因為到了這個時間點已經接近收盤，K 線也差不多要完成了。或者是前一天晚上仔細思考，然後在第二天開盤前下單也可以。這樣就可以在前一天仔細研究線圖了。

「收盤價」會收在多數人認為合理的價格

用收盤價來判斷還有其他考量。盤中有時會公布財報、出現個股正負面題材等影響股價走勢的各種消息。有些投資人會因應這些消息調節持股,導致盤中趨勢有時會因此反轉。

影響股價的消息會讓盤中股價大幅震盪,但到了收盤時一定會收斂到一個價格作收。**所以收盤價可說是大多數投資人認為合理的股價。**

看線圖時請多注意收盤價。第 4 章會有更詳盡的說明,也有一些簡單明瞭的訊號是只連接收盤價的線型,如巴爾坦(見第 148 頁)等。**看 K 線即可知道四種價格:開盤價、最低價、最高價、收盤價,**

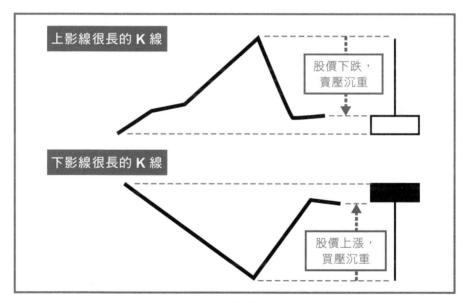

圖表 3　1 日之中價格波動和 K 線的關係

而掌握收盤價特別重要。

此外，股價觸及最高價或最低價後到收盤之間的價格波動，其實也反映出投資人的心理。不管是紅 K 線還是黑 K 線，影線越長，賣壓或買壓就越沉重。

若「K 線」是樹，「均線」就是森林

光看 K 線，無法了解行情走勢

前文提到可以看 K 線了解股價走勢。但光看 K 線無法精準交易。

這是因為 K 線出現在上漲中、下跌中，還是作頭區、打底區*等，會影響後續的股價變動。例如出現在打底區的紅 K 線可能暗示即將反彈上漲，但在股價漲個不停時出現的紅 K 線，可能就表示進入作頭區了，明天說不定就反轉向下了。

股票投資要獲利，必須知道價格波動的趨勢（方向）。只看 K 線圖可能陷入「見樹不見林」的窘境。而均線就是看見大局的必要工具。

五條均線代表不同日期的重要關卡

在相場流投資術中，原則上會使用五條均線。設定是 5 日、20

---

* 在股票術語中，頭部代表賣出訊號，是價格連續下跌形成的圖形，而底部是價格連續上漲前行程的圖形，是買進的訊號。

日、60 日、100 日、300 日均線，如果是週線則是 5 週、20 週、60 週、100 週、300 週的均線。

網路券商大多提供週、月、年均線，一週只有 5 個營業日，所以 1 個月就是 20 日。60 日就相當於 3 個月，以季來說就相當於 1 季，而 100 日則約半年，300 日大概就是 1 年。這些整數的日數也就是相當於「關卡」（見第 178 頁）的重要日期。

如何看短期趨勢和中長期趨勢？

短期均線會靈敏地反映股價變化，追著股價而動。另一方面長

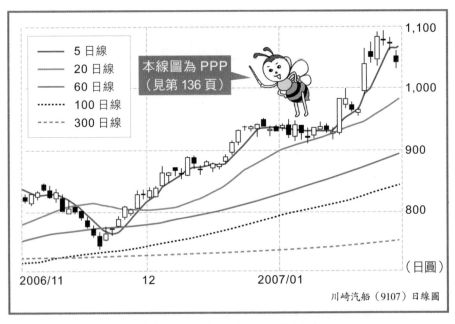

圖表 4　顯示 5 條均線的線圖

期均線的特徵則是不受小幅股價波動的影響，緩慢變動。

　　相場流投資術原則上使用 5 條均線，不過最近我又發現了均線的新技巧。新技巧運用 3 日、5 日、7 日、10 日、20 日均線，可因應短線操作。新技巧的均線運用方式將在第 7 章仔細說明。

K 線看出股價走勢，
均線看出股市行情

均線可自高處俯瞰市場行情

均線線如其名，就是求出某段期間的平均股價，然後連結而成的線條。

我以 5 日均線為例來說明。

加總 4 日前、3 日前、2 日前、1 日前和當日的收盤價，然後除以 5，就是當日的 5 日均價。每日計算當日的 5 日均價，把得出的數值連成一條線。

換言之，均線可以看出那段期間中的平均收盤價。當均線呈現左下右上的走勢時，就表示股價每日上漲；呈現左上右下走勢時，就表示每日下跌。所以只要看均線的傾斜狀況，就很容易判斷趨勢是漲還是跌。

再看看均線和 K 線的位置關係。當 K 線位於均線之上，可說表示買氣強勁（多頭市場），K 線位於均線之下，表示賣壓沉重（空頭市場）。連接過去平均收盤價而成的均線，會略微落後目前的 K

線，彷彿追著 K 線一樣漲跌。

均線的排列可預測趨勢

線圖上紅黑 K 線交錯出現，時而漲幅，時而下跌，劇烈震盪，未來到底會朝什麼方向波動？這實在就像暴衝的馬匹，難以預料。此時建議大家不要看 K 線，只要看均線。

因為從 5 日線（5 週線）和 20 日線（20 週線）的位置和傾斜，即可推測股價趨勢。當 20 日線在上 5 日線在下，而且都呈左上右下的走勢，那就是下跌趨勢。反之，當 5 日線在上 20 日線在下，而且都呈左下右上的走勢，那就可視為上漲趨勢。

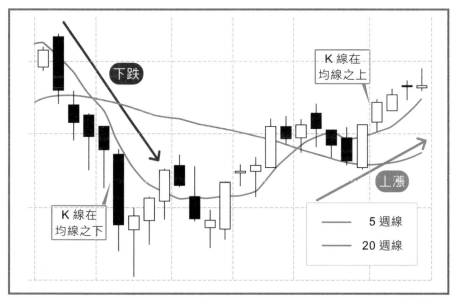

圖表 5　均線和 K 線的位置關係

知道趨勢，就知道現在該買還是賣

只要用均線掌握趨勢，就可以判斷應該買還是賣，應該持有多頭還是空頭部位*。判明趨勢後就把 K 線叫出來看吧。這麼一來應該就可以根據均線和 K 線的關係，如下半身、反下半身（見第 104、107 頁）等，看出買賣時機點。

用 K 線看出股價走勢，再根據均線由高處俯瞰股市行情。K 線和均線可說是股市的兩大至致勝武器。

線圖小知識

除了 K 線和均線，技術指標還有包寧傑帶（Bollinger Band）、相對強弱指數（Relative Strength Index, RSI）、指數平滑異同移動平均線（Moving Average Convergence / Divergence, MACD）、心理線（PSY）等，種類繁多。

---

* 部位（position）是指投資人持有的額度。若投資人看好股市，先買進股票，等上漲再賣出以獲利，其持有的額度稱為「多頭」；反之，若看壞市長而先放空股票，等股價下跌再回補，其放空額度稱為「空頭」。

相場語錄❸

股價隨煩惱而動！

＼ 語錄解說 ／

股價因買賣雙方考慮利害關係和欲望而波動。不論是覺得低價是買進良機而出手的投資人，或是股價上漲後要獲利了結而拋售的投資人，都是因為「想賺錢」的欲望而喚起買賣行動。這種動向也「都會顯示在線圖上」。

蜜蜂沒有「煩惱」但有歸巢的「本能」哦

第 3 章

驗證K線經典
「酒田戰法」的
40 種組合

流傳兩百多年的
技術分析工具

「酒田戰法」分析行情的 5 種基本線型

　　各位是否聽過「酒田戰法」*？投資股票的人應該很多人都聽過吧？說不定學技術分析時，一開始學的就是「酒田戰法」。前文也提到過，K 線是江戶時代的人發明，用來做為預測米市行情的工具（見 32 頁）。「酒田戰法」就是組合 K 線來讀取買賣時機點的五大法則。

　　「酒田戰法」的 5 大基本線型就是「三重頂」、「三川」、「三空」、「三兵」和「三法」，由此再衍生出「晨星」（見第 53 頁）、「三隻烏鴉」（見第 61 頁）等組合。基本五法見圖表 6。

酒田戰法適用於現代股市嗎？

　　「酒田戰法」又衍生出數根 K 線的分析手法，也就是用數根 K 線的組合來讀取行情方向、買賣時機點。這些組合都被賦予「妙不

---

*　「酒田戰法」據說是酒田的大富豪本間宗久（1724～1803 年）所發明，但無法證實。

	三重頂
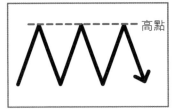	行情三段上昇，觸及高點（山）又下降，是做頭反轉的訊號。如果三次都無法突破高點，那個高點就是頭部，之後就會反轉向下。
 三川	
	行情三段下跌，觸及低點（川）又上升，是觸底反彈的訊號。如果三次都無法跌破低點，那個低點就是底部，之後就會反彈向上。
例「三空陽線」（P66） 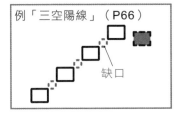	三空
	跳空上漲或下跌時，表示突然出現好或壞的題材。連續出現三次時，很多投資人會選擇獲利了結。
例「紅三兵」（P49） 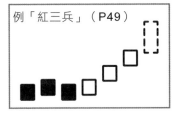	三兵
	連續出現三根紅 K 線或黑 K 線。如果是紅 K 線，表示漲勢強勁，如果是黑 K 線，則表示行情不佳。
例「上升三法」（P60） 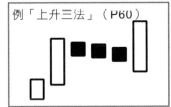	三法
	黑 K 線、紅 K 線交互出現，沒有方向感的盤整狀態。不動時暫停。然後行情會朝上或下發展，等待方向明朗後再操作為宜。

圖表 6　何謂「酒田戰法」？

可言！」的名號，如「夜星」、「晨星」、「陽孕陽」等。

　　券商官網等常有這種 K 線的組合線型，也有許多相關網站。絕
大多數網站都表示這些組合仍適用於現代股市。

　　若兩百多年前的技術在現代還能通用，那真是太厲害了！我想
其中一定有許多值得學習的內容。但我也不禁懷疑，真的有人仔細
驗證過嗎？

　　身為股市職人，我當然不能放過驗證「酒田戰法」的機會。如
果這種戰法仍適用於現代股市，那就多了一種預測趨勢的工具，可
以提高預測精準度。一想到這裡，我體內流著的職人血液不禁沸騰
起來！我立刻澈底調查 30 年來的日經指數日線圖和週線圖等，確認
出現機率和精準度。我逐一查看每根 K 線，花大量時間仔細地調查。

　　接下來，我要向大家報告結果。不過這個結果對於深信「夜星」
「晨星」等各種 K 線組合的人來說，可能十分難以接受。

會漲的「晨星」幾乎不存在

驗證期間：1987 年 10 月～ 2019 年 2 月為止 32 年
驗證標的：日經指數（日線）　出現次數：0

平均 1.5 年出現一次類似線型

結論是「晨星一次也沒出現過」！

這實在是太驚人了，這難道不是一個大發現嗎？應該有很多人深信「晨星」組合 K 線，並試圖活用它來投資。可是就算把這個線型刻印在腦海中，也無法因此投資獲利。**因為 32 年來它一次也沒出現過。**

如果是類似線型，32 年間總共出現過 19 次，也就是平均 1.5 年出現一次。然而，「晨星出現就會漲」的法則，19 次當中只有 7 次是成立的。

所以加上類似線型，我的結論如下：

• 32 年來並未出現符合定義的「晨星」線型

• 平均 1.5 年出現一次類似線型，但之後反轉向上的機率只有 36%

這個結論，表示這種戰法並並不適用於日經指數的波動。

當下無法判斷是否出現在打底區

現代的市場幾乎可說「晨星」不存在。看著書中和網站上的分析，讓我感到空虛不已。或許也有人存疑「有必要嚴格定義嗎？沒有缺口（跳空）也沒關係吧？」

我似乎聽到有些人的這種質疑聲。可是「晨星」中的缺口很重要。大多數說明都解釋得頭頭是道，「明明下跌壓力大而跳空下跌，卻又跳空上漲，表示買盤強勢。因此晨星就是上漲的訊號」。現在卻說「不需要缺口（跳空）」*，這不是很矛盾嗎？

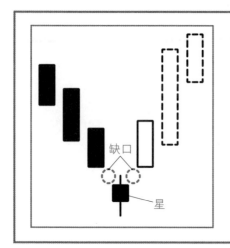

特徵＆定義

跳空出現的紅K線或黑K線的短實體稱為「星」。晨星出現在下跌行情中，由三根K線組成：第一根為黑K線，然後跳空開低出現星，最後再跳空開高出現紅K線。出現在打底區時表示行情將反轉向上。是買進的訊號。

圖表 7　晨星

---

* 所謂缺口，就是因為某些好或壞的題材而出現大買或大賣時，和前一天的K線之間的空間。K線之間出現明顯空間的現象就稱為「跳空」。

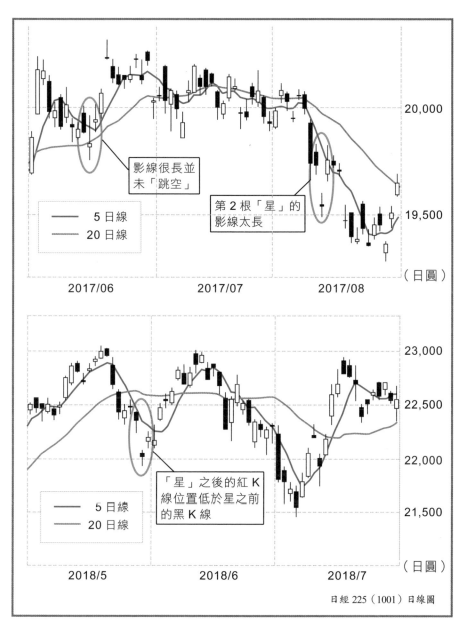

圖表 8　出現「晨星」類似線型的例子

　　就算退一步認可類似線型，還是有很多例子沒有反轉向上，這
又是為什麼呢？

光靠「晨星」，無法判斷是否要買進

　　定義中提到「出現在打底區時」，但沒有明確題材來判斷是否
為打底區。

　　就算當下以為是打底區，可是之後還是跌個不停，過一陣子回
頭來看，才發現是作頭區或是中價區，這種例子也很常見。之後再
回頭檢視，可以判斷是否為打底區，**可是在那個當下卻無法知道**。
如果實際操作時以為「晨星」出現了而買進，可能陷入隔天續跌的
風險。

　　如果要把「晨星」活用在股市中，就必須知道當下股價的位置。
如果只用 K 線來判斷，可以試著和前一波低點比較。**若跌了一陣子
後反轉向上，然後第二波下跌時，在未跌破前一波低點前又出現紅
K 線，就可能開啟上漲行情。**

　　無論如何，光靠「晨星」無法判斷之後是否會漲，更別提要靠
這個訊號投下寶貴的資金買進標的了。

看跌的「夜星」，機率不到四成

驗證期間：**1989 年 1 月〜 2019 年 1 月為止 30 年**

驗證標的：**日經指數（日線）** 出現次數：**6 次**

下跌機率 36%！也可能是漲勢中的「小憩調整」

6 次中只有 3 次真的反轉向下。就算放寬「跳空」的定義，解釋成「沒有出現缺口（跳空）也可以」，30 年間也僅出現過 46 次，其中只有 17 次真如定義反轉向下。平均 1 年出現 1.5 次。所以我的結論如下：

- 30 年只出現過 6 次符合定義的「夜星」*，其中 50% 為之後反轉下跌

- 類似線型 1 年出現 1.5 次，之後如同定義反轉下跌的機率為 36%

一般而言，投資人的心理就是「都跳空上漲了，當然後續漲勢可期！可是漲勢不如預期，甚至還出現一根黑 K 線。這裡大概就是

---

* 星座中的「夜星」，就是傍晚照亮西方天空的金星。

頭部了吧⋯⋯」在這種失望感之下，行情反轉下跌。

　　聽來很有道理。不過，這種心理要能影響市場，有一個但書，也就是夜星要出現在作頭區。驗證「晨星」時我也說過，當下沒有明確的線索可以判斷是否為作頭區，只能事後驗證。本以為是作頭區，結果那裡不過是上漲行情中的小憩調整，之後持續大漲，這種例子也不少見。

「如果出現在作頭區」是沒意義的條件

　　作頭區的操作不是賣出，就是平多頭倉*加碼賣出。打底區則是看著 K 線動向轉為買進。或是開始「養」多頭部位，確認從低點起

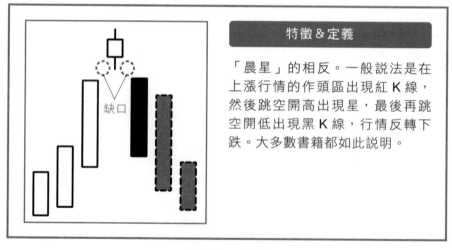

特徵&定義

「晨星」的相反。一般說法是在上漲行情的作頭區出現紅 K 線，然後跳空開高出現星，最後再跳空開低出現黑 K 線，行情反轉下跌。大多數書籍都如此說明。

圖表 9　夜星

---

*　所謂平倉，就是轉讓契約的意思，跟賣出股票的意思相同。將手中的股票轉讓給別人，這樣就可以達到平倉。

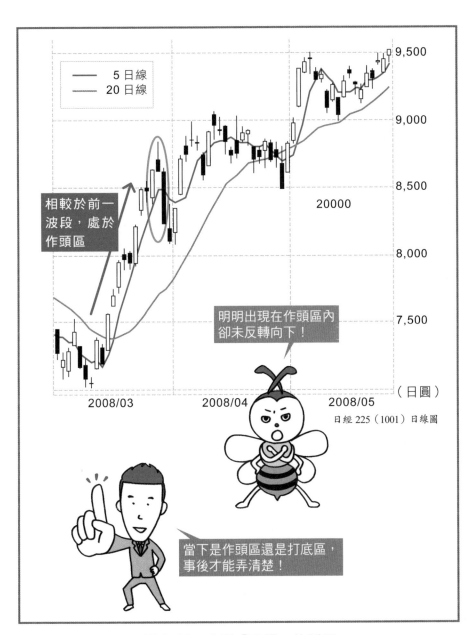

圖表 10 出現「夜星」的例子

飛的 K 線排列，平空頭倉，加碼多頭部位等。兩區操作完全相反。

因此我們必須判斷這種 K 線，是出現在作頭區還是打底區。可是到底是高點還是低點，卻要事後才能弄清楚。所以「如果出現在作頭區（打底區）」根本是沒有意義的條件。

結論就是還是必須畫出均線，檢討均線位置和 K 線，與前一波高點、低點之間的關係。這麼做才能大致判定，目前股價位置到底是在作頭區內還是打底區內。

可是這麼一來就會出現令人遺憾的結論，也就是「夜星」無法單獨運用在投資交易中。

有結論再找理由的
「三隻烏鴉」

驗證期間：1987 年 11 月～ 2019 年 2 月為止 32 年
驗證標的：日經指數（日線）　出現次數：1 次

放寬定義可說出現 2 次，上漲後的下挫機率為 100%

連續出現 3 根黑 K 線後下挫的局面，過去 32 年間出現了 52 次。但其中只有 1 次符合「第 2 根和第 3 根的開盤價，高於前一根 K 線的收盤價」的定義條件。如果把條件放寬如 63 頁線圖所示，紅 K

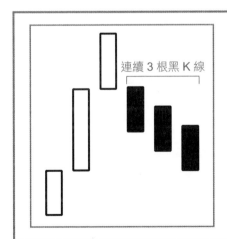

連續 3 根黑 K 線

特徵 & 定義

上漲行情持續相當時間後出現黑 K 線，而且這根黑 K 線的開盤價遠低於前一根紅 K 線的收盤價。連續出現 3 根黑 K 線，但第 2 根、第 3 根黑 K 線的開盤價高於前一根黑 K 線的收盤價。這就是三隻烏鴉的訊號，表示漲勢觸頂，反轉下挫。

圖表 11　三隻烏鴉

線後出現長黑 K 線，而且是連續 3 根黑 K 線，這段期間內共出現過
2 次。在我漫長的投資生涯中只出現過 2 次……

這樣的訊號無法運用在投資操作中。

連續出現 3 根黑 K 線，的確可說行情不佳

我也仔細想了一下三隻烏鴉*的定義。為什麼定義中要強調開盤
價要高於前一根 K 線的收盤價？

「開高但卻以低於前一根 K 線收盤價的價格作收。這種價格波
動在一波漲勢後連續出現 3 根……行情不佳的象徵」

這就是理論基礎。我懂這種心情，這種想法也沒錯。可是幾乎
沒有符合這個條件的線型。我只能說這是「先有結論」，再找理由。

晨星和三隻烏鴉，都是三根黑 K 線的線型

接著我們來看看前面驗證過的「晨星」線型。都是三根黑 K 線，
和三隻烏鴉的線型一樣。可是晨星卻說跳空出現星就會反轉向上。

一樣的線型，完全相反的預測。

那是因為自古以來都說晨星出現在打底區，三隻烏鴉出現在作
頭區。可是驗證晨星時也說明過，這些訊號到底出現在打底區還是

---

* 三隻烏鴉又稱為「黑三兵」。黑色烏鴉是不吉利的象徵，所以才有這種命名。

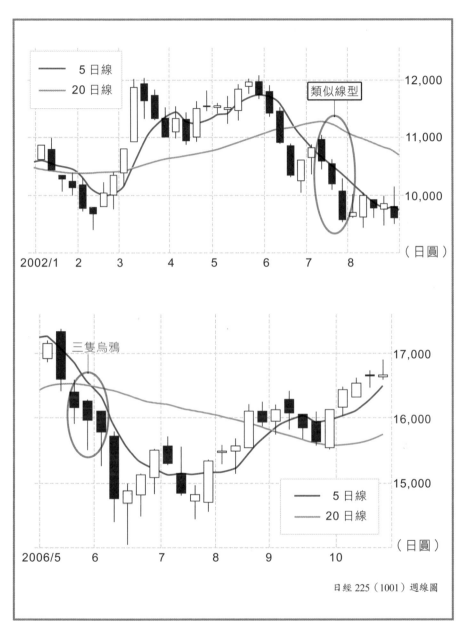

圖表 12　出現「三隻烏鴉」的例子

作頭區，要事後才弄得清楚。

若不知道股價走勢，三隻烏鴉應該也可說是沒什麼意義的訊號。

此外，就算不是標準的三隻烏鴉線型，如果在上漲行情中連續出現 3 根黑 K 線，就要懷疑有下挫的可能性，考慮平多頭倉或賣空，為後續發展做準備吧。

行情看漲的「紅三兵」，不一定漲

驗證期間：2003 年 1 月～ 2019 年 2 月為止 16 年
驗證標的：三井住友 FG（週線）
出現次數：7 次（符合定義上漲只有 3 次）

有故事的「紅三兵」不一定會漲

　　不停下跌後，以為進入打底區時，突然出現 3 根紅 K 線。此時的上漲被推論成「上漲行情的初期」，我可以理解這種想法。可是

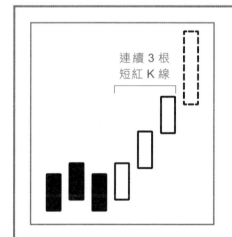

連續 3 根
短紅 K 線

特徵 & 定義

在打底區持續盤整時，連續出現 3 根短紅 K 線。當股價連漲三天，就有可能進入上漲行情。因為常出現強勁的行情，可能是買進的訊號。

圖表 13　紅三兵

驗證的結果並非如此。

我認為這是有故事的 K 線線型。

事實上,我想這個訊號並非大量分析過去的價格波動後導出的定義,而是先創作出由打底區反彈上漲的故事,亦即「連續出現 3 根紅 K 線後,市場上就會彌漫著行情強勁的想法。於是買盤集中,自然會轉而上漲」,然後再定義「紅三兵會出現在上漲行情的初期」。

看看實際的股價波動,**即使在打底區內出現紅三兵,之後也有持續上漲和不漲的情形。**

如圖表 14 的線圖所示,持續大跌後的盤整行情中即使出現紅三兵,也常常會反覆下跌幾次後,再反彈上漲。

要靠紅三兵獲利,必須懂得操作部位

相場流投資術稱盤整行情為「B 局面」(見第 157 頁)。

那麼 B 局面出現紅三兵時,應該如何操作才好呢?

要獲利就必須「操作部位」*。

B 局面後不知道會漲還是跌。首先出現紅三兵就先買進。然後

---

* 部位指的是持有多頭和空頭兩種部位。利用「部位操作」,漲了就買,跌了就賣,以求在股市中獲勝。

三井住友金融集團（8316）週線圖

圖表 14　出現「紅三兵」的例子

發現漲不上去出現黑 K 線。雖然獲利微薄，此時就先平倉。

股價下跌進入 B 局面，然後出現 3 根紅 K 線，此時買進。之後
又上漲，所以利用「9 日法則」（見第 166 頁）獲利了結。接著再
次進入 B 局面，又於紅三兵出現時買進，再根據「9 日法則」獲利
了結。在紅 K 線突破高點、關卡時買進。

要靠紅三兵獲利，就必須用如此頻繁的「部位操作」，亦即「買
進」、「平倉」、「買進」、「平倉」……

有時可能才買了兩天就要平倉，是極短期的交易操作。這樣的
話有可能因為工作等原因，一天無法看盤，然後再看的時候卻發現
「啊？怎麼跌了！」這是很難避免的狀況。

如何識破漲勢初期出現的紅三兵呢？我想最好還是畫出均線，
根據傾斜和短線、長線的位置關係，來預測趨勢，這才是堂堂正正
的戰術。

會反彈的「三空黑 K 線」，可能持續下挫

驗證期間：1989 年 7 月～ 2001 年 9 月為止 12 年
驗證標的：日經指數（日線）　出現次數：9 次

這是布局賣出的局面，而非準備買進

出現的 9 次反彈向上當中，只有 3 次符合定義。平均約 1 年出現 1 次三空黑 K 線，而反彈向上則是 4 年 1 次。沒有跳空缺口的類

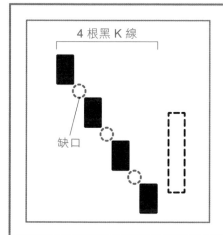

4 根黑 K 線

缺口

特徵＆定義

下跌行情中連續跳空出現 4 根黑 K 線。缺口可能是因為開盤的市價賣單（不限價的賣單）造成。出現這種黑 K 線時，股價已達相當低的水準，所以預測之後會反彈向上。

圖表 15　三空黑 K 線

似黑 K 線排列則十分常見。不過，即使出現了類似線型，也大多持
續下挫。

　　實際操作時，與其說是準備買進的局面，不如說是布局賣出或
加碼賣出的局面。

　　連續出現黑 K 線表示行情疲弱。要從不斷創新低的低點反彈向
上，首先就必須墊高低點才行。因此，如果連續出現黑 K 線形成「三
空黑 K 線」，其實很難說股價是否已經觸底了。我們不應該只看 K
線排列的形狀來推測是否觸底，應該用走勢來判斷。

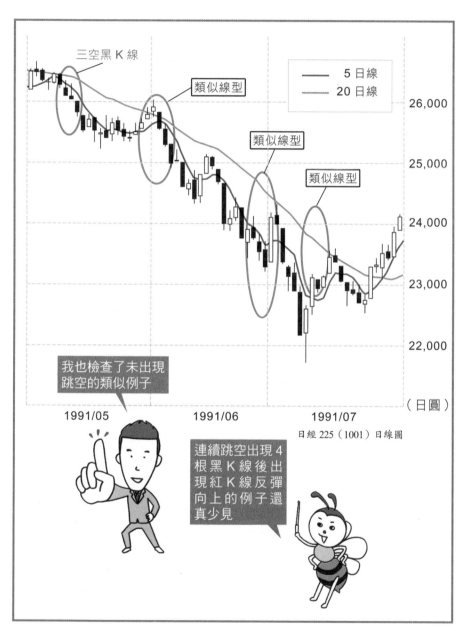

圖表 16　出現「紅三兵」的例子

過去好用的手法，現代已不敷使用

市場環境不同，無法完全套用

我認為，「酒田戰法」的確是江戶時代預測米市行情的優秀線圖分析手法，否則不可能流傳 200 年以上，直至今日。仔細想想，江戶時代的米市，其實是在一定收成量下的買賣，而且市場參加者也有限。可能因為如此，「酒田戰法」才能充分通用吧。

使「酒田戰法」活躍的環境，卻無法套用在現代股市。如此說來，「現在仍適用」的主張，可說是並未考慮到這種環境差異。

而現在仍適用這種主張能橫行至今，我想是因為沒有人詳查過去的線圖並檢討所致。至少，沒人驗證過過去 30 年的線圖。

經由本次驗證作業，我證明了「酒田戰法」記載的多根 K 線的線型，出現的次數很少。因此不得不說，它幾乎無法適用在現代股市中。

洞悉投資人心理，有助分析股價走勢

然而，我並非全面否定「酒田戰法」。

不論是米市還是現代股市，經由買賣左右股價的永遠都是人。而人的心理不論是在過去的江戶時代或是現代，應該沒有太大不同。所以，我認為「酒田戰法」的技術說明書籍中所寫的投資人心理，應該是正確無誤的。

例如「十字線表示投資人的迷惘」、「長紅 K 線的出現讓投資人期待上漲」、「有上影線的紅 K 線表示投資人認為行情已到頭部的心理」等，都充分說明了投資人的心理。

了解投資人心理也有助於看線圖，因為分辨投資人的心態偏強勢還是疲軟，有助於分析股價走勢。

考量投資人心理，才能活用技術

驗證「酒田戰法」讓我又深深感受到了解 K 線出現局面的趨勢，有多麼重要。

舉例來說，不論是「晨星」或「夜星」，出現在上漲行情還是下跌行情時，意義完全不同，當然投資操作也不同。

可以說投資要獲利，與其記住「酒田戰法」，不如學會現代適用的趨勢預測手法，更為有用。老王賣瓜，我所提倡的相場流投資術，不只看 K 線和均線的動向，還考量到投資人心理以預測趨勢。

此外，為了讓相場流投資術永不退流行，能永遠在股市中，成為大多數投資人支持活用的技術，我也有強烈決心，必須要不斷地精益求精。

「酒田戰法」跨越了兩百多年的時空流傳至今，但很遺憾地，這種技術已不再適用於現代股市。

接下來，我會一邊介紹「酒田戰法」的代表性 K 線線型，一邊提出我的評語，以幫助大家活用這些線型。

10 種「見底」K 線組合

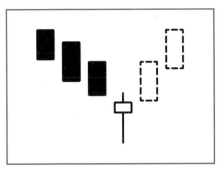

特徵 & 定義

在下跌趨勢持續中,跳空出現有下影線的紅 K 線,此時就可認為已觸底。這裡要注意的是有下影線的紅 K 線。有下影線的紅 K 線表示買氣強勁,下影線越長買壓越強。

圖表 17　錘頭線

相場流觀點

　　持續下挫時請套用「9 日法則」(見第 166 頁)。如果是連續第 9 根就可預測已觸底*。賣空的人差不多要準備平倉了。如果要下買單,可以等到向下發展的短期均線轉而向上後再出手。

---

* 要分辨底部很難。我了解看到這個信號會很想出手買進,但請務必用均線和「9 日法則」分析局面。

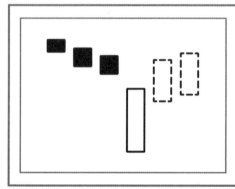

特徵＆定義

空頭行情中跳空出現長紅 K 線。雖然開盤價遠低於前一天收盤價，結果卻收高的狀況。原因之一可能是盤中出現正面題材，買氣集中，或者是賣空的投資人一齊回補。

圖表 18　逆襲線

相場流觀點

　　光靠 K 線無法判斷，因為也可能是空頭行情中暫時的回春的表現。看看均線吧，如果紅 K 線突出 5 日線形成「下半身」（見第104 頁），就可期待之後上漲。

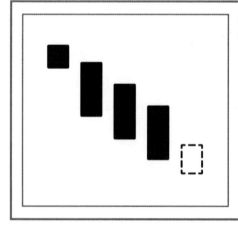

特徵＆定義

下跌趨勢中若連續出現 3 根長黑 K 線，一般人以為會進一步下跌，其實出現這個訊號，表示離底部不遠了。如果是沒有負面線索的績優股，在這個時點想想本益比、股價淨值比等基本面數字，應該會發現股價相對便宜。因此會出現買單。

圖表 19　連三根長黑 K 線

相場流觀點

請注意均線的排列。在長期、中期、短期這種反 PPP（見第139 頁）的局面，賣壓應該還可能持續。不過，當下跌接近 9 時就要小心了。這是何時反彈都不奇怪的局面。可以考慮先平空頭倉吧。

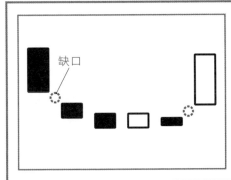

缺口

特徵 & 定義

在下跌趨勢中跳空下挫後，出現黑 K 線盤整，接著跳空上漲出現紅 K 線。這個線型指的就是這一連串的變動。因為出現紅 K 線而瀰漫著安心感，買盤介入轉而上漲。這是暗示行情觸底的訊號*。

圖表 20　跳空七手變化底

相場流觀點

最後出現的紅 K 線，如果有一半以上突出在 5 日線以上形成「下半身」，或均線排列接近 PPP（見第 136 頁），即表示上漲行情啟動。此外，如果之前的下跌接近 9 天（9 日法則），也可能即將進入上漲局面。

---

* 判斷底部時「前一波低點」（見第 175 頁）也是有效的線。如果未跌破前一波低點，應該就可以期待反彈了。

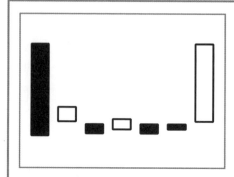

特徵＆定義

空頭行情出現長黑K線，然後一連串的短黑或短紅K線，持續盤整，最後出現一根長紅K線。投資人判斷這是反彈向上的轉捩點，下單買進。可期待觸底反彈與持續上漲。

圖表 21　塔形底

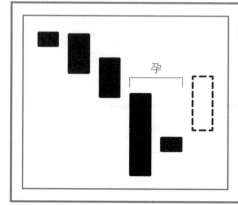

孕

特徵＆定義

下跌局面中在長黑K線之後出現短黑K線，且短黑K線為長黑K線所包絡。之後若出現紅K線就表示行情已觸底，判斷將起漲。其相反的線型就是出現在作頭區的「陽孕陽」＊（見第91頁），那是賣出的訊號。

圖表 22　陰孕陰

＊ 孕的命名來自線型看起來就像是婦女懷孕的樣子。

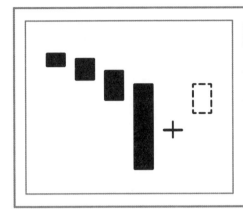

特徵 & 定義

空頭行情出現長黑 K 線,緊接著出現一根十字星線,位置剛好在前一根黑 K 線的實體中央左右。出現十字線多少緩和了對於下檔的不安,慢慢開始出現新買單。之後出現紅 K 線就是反彈上漲的轉換點。

圖表 23　陰孕十字線(十字懷胎)

相場流觀點

下跌趨勢中要預測底部,最好和前一波低點比較。如果持平或最低價屢創新高,就可判斷為已經觸底。如果破底,應該就會繼續往下。

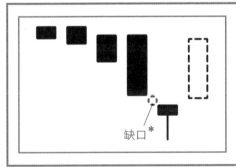

缺口 *

特徵 & 定義

下跌趨勢中,在長黑 K 線之後跳空出現黑 K 錘子線(下影線長的黑 K 線)。下影線表示賣壓減弱。這是觸底訊號,之後出現紅 K 線,那就是布局買進的好時機。

圖表 24　跳空錘子線

---

* 缺口的出現是因為開盤時間有大量市價單。如果有大量買單就會跳空出現紅 K 線,反之則跳空出現黑 K 線。

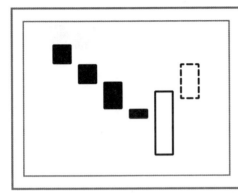

特徵＆定義

空頭行情短黑 K 線之後，出現一根開盤時股價大跌，卻以高點作收，形成一根吞噬短黑 K 線的長紅 K 線。此時，期待股價反彈的心理升溫，出現在打底區就是布局買進的訊號。

圖表 25　陽抱陰抱線（穿頭破腳）

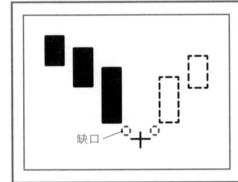

缺口

特徵＆定義

空頭行情出現長黑 K 線，隨後跳空出現十字線，接著又跳空出現紅 K 線，即可預測股價已觸底。十字線就是開盤價和收盤價相同的 K 線，可推測買賣雙方勢均力敵。

圖表 26　看漲捨子線

相場流觀點

　　每種訊號都是出現在打底區時，就是布局買進的機會。但也不能因為出現此訊號就立刻出手買進。在打底區要反彈向上前，還可能盤整。

9 種「上漲初期」 K 線組合

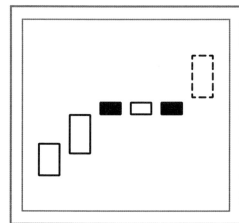

	特徵 & 定義
	漲勢稍作喘息，連續出現三根短紅 K 線、短黑 K 線等，就有可能繼續上漲。此時出現獲利了結的賣單，因而出現短黑 K 線。不過也沒有大賣的線索，所以在這種局面中只要出現正面線索，就可能一口氣上衝。可以考慮加碼買進。

圖表 27　上漲三星

相場流觀點

　　上漲*局面中有時會連續出現短紅 K 線、短黑 K 線、十字線等。然而，這並不表示之後一定會向上突破。若 K 線位於均線之上，可期待續漲，但如果向下穿破均線，也可能反轉向下。最好別急著出手。

---

* 　在上漲趨勢中，要經常意識到會不會突破前一波高點以及關卡。

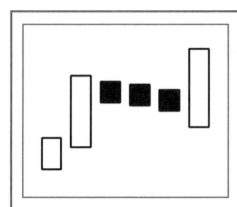

特徵＆定義

多頭行情初期繼長紅 K 線後，連
續出現三根黑 K 線，之後若又出
現一根長紅 K 線，就會續漲。條
件是第三根黑 K 線的收盤價不低
於第一根長紅 K 線的最低價，而
第二根紅 K 線收盤價高於第一根
黑 K 線的開盤價。

圖表 28　上升三法

相場流觀點

原則上是上漲訊號，不過要注意均線位置！如果 20 日線高於
60 日線，之後 K 線可能碰到 20 日線而下跌。而最後出現紅 K 線是
上漲的第六根，所以也必須注意「9 日法則」。

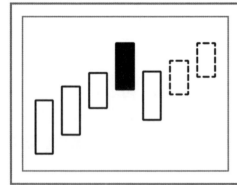

特徵＆定義

多頭行情中出現一根開高（高於
前一根 K 線的收盤價）但結果收
低的黑 K 線。之後又出現一根開
低收高的紅 K 線。因為以紅 K 線
作收，投資人放下了心又開始期
待上漲，買單出籠。

圖表 29　上漲插入線

相場流觀點

這就相當於最低價屢創新高的「Kokoda」（見第 197 頁）。第一根紅 K 線和第五根紅 K 線相比，低點越來越高。如果多條均線都上升，可以先試水溫買進，或者等再出現一根紅 K 線或突破高點時再買進。

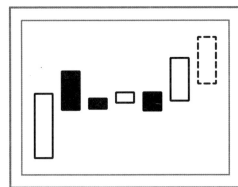

特徵 & 定義

出現相對較長的紅 K 線後，跳空開高，結果股價直直落，最後以覆蓋紅 K 線實體的黑 K 線作收。這是出現在多頭行情中獲利了結的黑 K 線，之後進入盤整，若可以突破高點，就可能持續上漲*。

圖表 30　超越覆蓋線

相場流觀點

所謂覆蓋線，指的就是吃掉紅 K 線實體的黑 K 線。例如黑 K 線為「反下半身」，就應該覺得「怪」，心裡要考慮下跌的可能性。這也是根據均線排列和 K 線位置，來預測會向上突破還是向下跌破的場面。

---

* 上漲趨勢中的均線排列，由上而下為短期線、中期線、長期線，均線之上則有 K 線。

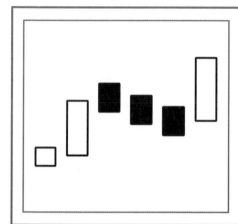

特徵＆定義

出現在上漲趨勢中。紅 K 線後出現開盤價高於紅 K 線收盤價的黑 K 線，再連續兩根黑 K 線後，出現一根開高（高於黑 K 線收盤價）的紅 K 線。這個線型指的就是這一連串的變動。黑 K 線來自獲利了結的賣壓，是拉回買進的時機。

圖表 31　多頭上升三法

相場流觀點

　　K 線下方如果由上而下依序為 5 日、7 日、20 日均線，且皆呈左下右上走勢，看到這根紅 K 線時就可以下單買進。另一方面，如果依序為 60 日、20 日、5 日均線，且呈左上右下走勢，當最後一根紅 K 線突破 20 日線時，說不定就可以期待今後上漲。

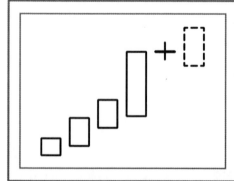

特徵＆定義

上漲趨勢初期，繼長紅 K 線後出現十字線，之後又出現紅 K 線*，股價就會續漲，這也是買進的訊號。十字線是新買單和獲利了結賣單交錯而生的 K 線，後續出現紅 K 線則是新買單集中的結果。

圖表 32　上漲途中一星二陽

相場流觀點

如果在 K 線下方由上而下依序為 5 日、20 日、60 日均線時，也可以加碼買進。不過若上漲天數已逼近或超過 9 日時，等到 5 日線停滯持平，就必須獲利了結。

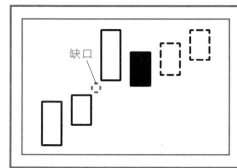

特徵＆定義
持續上漲的行情中跳空出現紅 K 線。之後出現一根開在紅 K 線實體內的黑 K 線（束帶），可預測是暫時的賣壓，之後常常會加速上漲。是加碼買進的時機。

圖表 33　跳空上漲的束帶＊＊

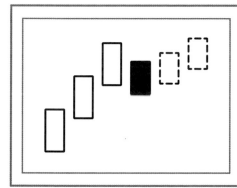

特徵＆定義
股價持續上漲中，在連續紅 K 線後開出一根黑 K 線束帶，這根黑 K 線可以想成是獲利了結的賣壓。如果止跌，認為此局面是反折點的投資人就會進場買進，推升漲勢。

圖表 34　上漲途中的連續束帶

＊　就算出現的不是十字線而是短實體 K 線，也算是上漲途中一星二陽。

＊＊看起來好像用黑 K 線束住紅 K 線，所以才有束帶的命名。紅 K 線的束帶指的是開盤價在黑 K 線實體內，並以紅 K 線作收的線型。

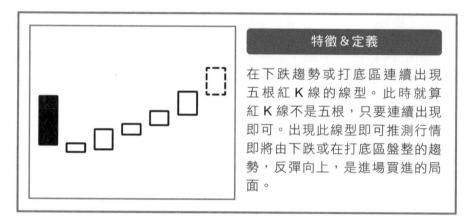

特徵＆定義

在下跌趨勢或打底區連續出現
五根紅 K 線的線型。此時就算
紅 K 線不是五根，只要連續出現
即可。出現此線型即可推測行情
即將由下跌或在打底區盤整的趨
勢，反彈向上，是進場買進的局
面。

圖表 35　低檔五連陽

相場流觀點

　　均線在 K 線之上或之下，會影響買賣操作。均線位於 K 線之下，
就可以持有多頭部位，直到第 9 根 K 線或 5 日均線停滯為止。如果
均線位於 K 線之上，就在出現第 9 根黑 K 線時平倉。

4 種「正在上漲」
K 線組合

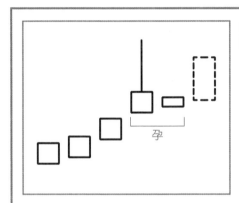

特徵&定義

在多頭行情中出現短實體、長上影線*的紅 K 線。之後出現一根實體很短的紅 K 線，且形成孕出線；若接下來的 K 線向上跳空就買進，向下跳空就考慮賣出。所謂孕，就是第二根 K 線的實體，被包在第一根 K 線實體內的狀態。

圖表 36　浪高線

相場流觀點

有上影線的紅 K 線之後出現黑 K 線，讓人覺得走勢疲軟。但如果 K 線還是在各均線之上，要賣空也嫌太早。若有上影線的紅 K 線之後出現了紅 K 線，且 K 線還是在各均線之上，就能繼續持有多頭部位。

---

* 上影線很長的 K 線表示股價崩跌。也有很大的可能會由上漲轉為下跌，成為行情轉換點。

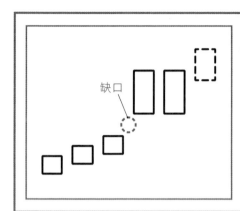

圖表 37　並排紅 K 線

相場流觀點

　　這是表示漲勢強勁的訊號。持有多頭部位的人可以續抱，也可以考慮「買進」或「加碼買進」。同時看看均線，如果是 PPP 即可期待漲勢持續。也請確認是否會突破關卡或前一波高點。

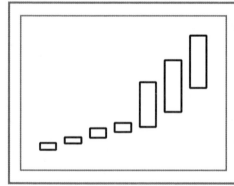

圖表 38　高檔連續長紅 K 線

相場流觀點

在這種局面，9 日法則可以發揮作用。數到第 9 根後就考慮獲利了結吧。但如果均線的排列依序是短期、中期、長期，而且全都朝上，漲勢也可能持續。此時輕易做出已進入作頭區的結論而出手賣出，是很危險的。*

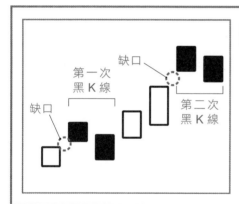

第一次
黑 K 線

缺口

缺口

第二次
黑 K 線

特徵 & 定義

上漲趨勢中跳空出現黑 K 線，隔不到一、二天又再次跳空出現黑 K 線的局面。第一次黑 K 線因為後續出現紅 K 線，並未造成不安，但第二次黑 K 線會讓投資人對於續漲感到失望。所以要在第二次黑 K 線時平倉。

圖表 39　跳空連雙陰

相場流觀點

第一次黑 K 線後股價如下跌，有時也會建議趁拉回買進。不過，光看 K 線就決定趁拉回買進很危險。因為跳空黑 K 線是漲勢趨弱的證據。建議還是併用均線的角度等來判斷吧。

---

* 股市有句名言：「作頭三天，打底百日」，意思就是股市高點轉瞬即逝，但股價低迷的時間卻很長。

10 種「觸頂」K 線組合

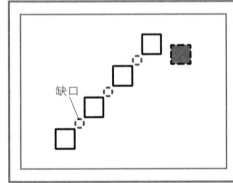

缺口

上漲趨勢中紅 K 線後,又連續跳空出現三根紅 K 線。跳空紅 K 線表示開高且買氣旺盛的狀態。不過因短期間連漲數日,股價已偏高,投資人會產生警戒心理,可能出現獲利了結的賣單。

圖表 40　三空紅 K 線

相場流觀點

跳空上漲表示買勢強勁,所以無法看到此訊號就判斷已觸頂。如果均線呈 PPP,且以 9 日法則來算,還有上漲的空間,也可能續漲。選在此時獲利了結當然也行,但要布局空頭部位可能有點危險。

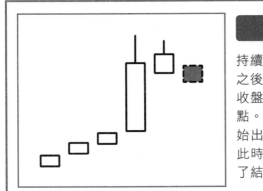

特徵＆定義

持續上漲時出現長紅 K 線。不過之後的紅 K 線開低（低於前一天收盤價），且未能突破前一天高點。因未創新高，投資人之間開始出現失望感，買氣無法持續。此時差不多觸頂，可以考慮獲利了結出場。

圖表 41　盡頭線

相場流觀點

上圖為連續紅 K 線，讓人感覺股價強勢上漲。若均線也呈現左下右上走勢，就可持續持有「多頭部位」。即使後續出現黑 K 線，現在布局賣空也還嫌太早。此時最好是等待，什麼都不做。觀察行情走勢才是正確做法。

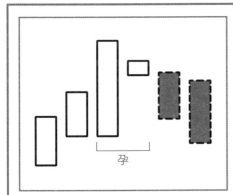

孕

特徵＆定義

作頭區內出現長紅 K 線，之後的紅 K 線被包在前一根紅 K 線中的線型。長紅 K 線可能是因為有新的投資人進場、加碼買進、放空回補而形成。這麼一來，融資餘額應該也相當龐大，觸頂只是時間的問題。

圖表 42　陽孕陽

相場流觀點

如上圖所示，股價可能持續盤整*。出現黑 K 線後又出現紅 K 線等，趨勢可能並不明朗。看準趨勢的關鍵在於均線。若均線呈左下右上排列，就很可能繼續向上攻頂。

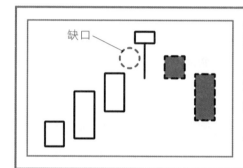

缺口

特徵&定義

上漲途中跳空出現紅錘子線，也就是沒有上影線只有長下影線的紅 K 線。這表示股價暫時下跌又回穩，收在高點。作頭區內的吊首線是暗示頭部的訊號。

圖表 43　吊首線

相場流觀點

過去 30 年的日經指數（週線）曾出現過 2 次，其中 1 次後來續漲，1 次下跌。相場流投資術認為，若均線朝上，此線型又出現在均線之上，大盤應該會繼續攻頂。所以還是該一併考慮 K 線和均線的位置關係等，以預測走勢。

---

* 股價持續在一個範圍內波動，不知道最後會衝高還是跌深的狀態，稱為「盤整」。

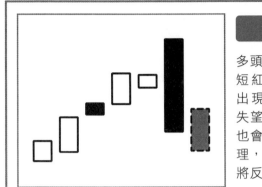

特徵＆定義

多頭行情中，長黑 K 線吞噬前面
短紅 K 線的線型。多頭行情中
出現長黑 K 線，讓投資人感到
失望。因為股價仍在作頭區內，
也會讓人產生即將觸頂的警戒心
理，很難再有人下手買進，大盤
將反轉向下。

圖表 44　陰抱陽抱線

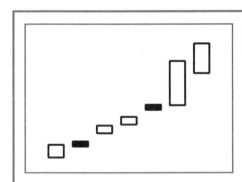

特徵＆定義

多頭行情中最近股價連續 8 ～
10 週創新高。差不多要觸頂了，
是買方準備平倉的時候。也是布
局賣空的局面。

圖表 45　新高上升前阻型

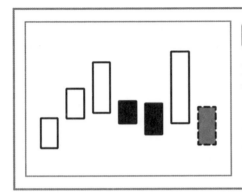

特徵＆定義

連續出現 2 根開低的黑 K 線，然後出現長紅 K 線。這根紅 K 線出現的背景可能是投機客出手買進、空頭回補等。看起來就是一根不自然的紅 K 線，應避免買進，而考慮賣出。

圖表 46　反擊順沿線 *

相場流觀點

新高上升前阻型可套用 9 日法則。然而如果均線呈 PPP，漲勢也可能持續。出現此訊號即出手賣空，會有點危險。

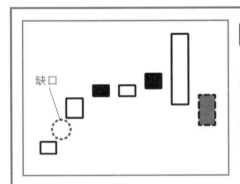

缺口

特徵＆定義

上漲後進入盤整，而後出現長紅 K 線的狀態。跳空表示買氣強勁，但無法一飛沖天，反而陷入盤整。之後出現的長紅 K 線可能是因賣空回補，或是短期投機性買盤。應避免進場買進。

圖表 47　跳空盤旋長紅 K 線

---

* 「反擊順沿線」如果再多加 1 根黑 K 線，就會變成三隻烏鴉。

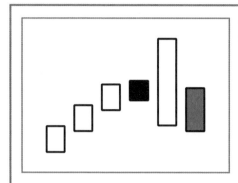

圖表 48　上升最後懷抱線

上升局面中出現長紅 K 線，且包裹住一天的黑 K 線的線型。長紅 K 線讓投資人期待上漲，隨後出現的 K 線如果是黑 K 線，或無法突破長紅 K 線，即可判斷行情已觸頂。

特徵 & 定義

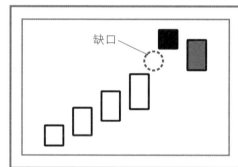

圖表 49　高檔跳空黑 K 線

特徵 & 定義

上漲途中跳空開高，但卻以黑 K 線作收。不過收盤價仍高於前一天的紅 K 線。以黑 K 線作收會讓投資人失望，猶豫該不該再買進。可預測漲勢即將告終。

缺口

相場流觀點

　　多頭行情失速，就很難突破前一波高點。以 9 日法則計算，若均線方向快要出現變化，就暫時平倉出場比較安全。這也是常見的例子。

7 種「下跌趨勢」
K 線組合

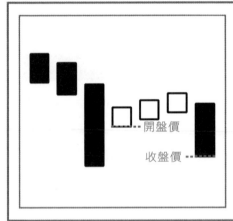

開盤價

收盤價

特徵＆定義

出現於空頭行情初期。長黑 K 線
之後連續出現 3 根紅 K 線，之後
又出現長黑 K 線，且最後一根長
黑 K 線的收盤價低於前三根紅 K
線的開盤價。空頭行情中出現紅
K 線，會讓投資人開始安心，但
再次出現的黑 K 線加重失望感，
跌勢會增溫。

圖表 50　下降三法

相場流觀點

　　當下雖不清楚是否處於下跌局面初期，但由長黑 K 線和短紅 K
線的動向，還是可以判斷出盤勢疲軟。若 5 日、7 日、20 日均線在
K 線之上，就可判斷行情趨弱，是轉為賣空的場面。

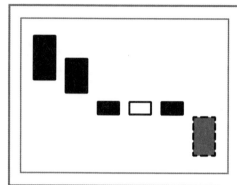

連續出現 3 根短紅 K 線、短黑 K 線等短實體的 K 線，稱為三顆星。在下跌趨勢中出現的三顆星，就稱為下跌三顆星。相反地出現在上漲途中的三顆星則稱為上漲三顆星。

圖表 51　下跌三顆星

相場流觀點

當下並不清楚是否處於下跌局面初期。下跌局面出現這種 K 線線型，就表示走勢趨弱。而 3 根 K 線如果是「紅、黑、紅」，比上圖線型更可以期待上漲。無論如何，現在下單買進還是嫌早。

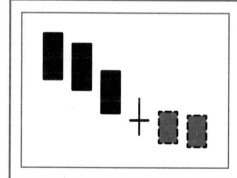

出現在空頭行情初期的十字線暗示下跌，是賣出的訊號。股價下跌，有投資人覺得便宜而進場買進，但卻無法以紅 K 線作收。這表示投資人也很迷惘，後續如果出現黑 K 線就會續跌。

圖表 52　下跌途中一星二陰

相場流觀點

若如同「定義」所示出現在空頭行情初期，就相場流投資術來看，是不同於定義的訊號。也就是後續會不會跌，在這個時間點無法判斷。因為下跌初期「買盤」還有抵抗力，也可能再度上漲。

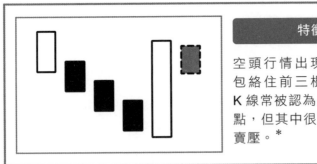

特徵 & 定義
空頭行情出現一條長紅 K 線，包絡住前三根 K 線的跌幅。紅 K 線常被認為是反彈向上的轉捩點，但其中很可能有強大的反彈賣壓。*

圖表 53　三段長紅 K 線

相場流觀點

若 K 線位於 5 日、7 日、20 日均線之下，且均線朝下跌方向發展，就很可能續跌。此時出手買進還嫌太早。必須等到下一根黑 K 線出現，再考慮是否加碼賣空。

---

* 反彈賣壓指的是趁股價暫時回漲布局賣空的現象。

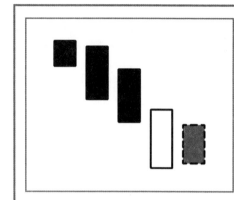

特徵 & 定義

空頭行情連續出現黑 K 線，之後出現紅 K 線，且紅 K 線的開盤價遠低於前 1 根黑 K 線的收盤價，但最後卻以紅 K 線作收，收在前 1 根黑 K 線的實體內。這根紅 K 線的出現讓投資人期待行情反彈，可是情況似乎也不一定……

圖表 54　插入線

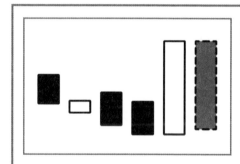

特徵 & 定義

指的是下跌趨勢中突然出現的長紅 K 線。就算出現紅 K 線，常常也不是趨勢轉換點，有可能是暫時反彈或沒有根據的買盤，形成紅 K 線。不可以急著買進。

圖表 55　低檔轉化線

線圖小知識

出現政治經濟、事件意外等負面題材，導致賣盤前撲後繼的狀況，稱為恐慌性賣壓。

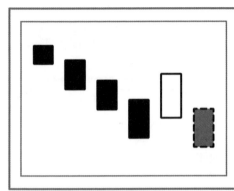

特徵 & 定義

空頭行情連續出現黑 K 線後，出現 1 根紅 K 線，其開盤價高於前 1 根黑 K 線收盤價。這根紅 K 線應該是投資人覺得股價便宜而買進的結果。但它不是表示反彈上漲的紅 K 線，而是賣出的訊號。

圖表 56　下跌途中的連續束帶 *

相場流觀點

　　出現上述 K 線線型時，還不能輕易進場買進。要買得安全，就要確認均線的順序，是否已經變成上短下長。

---

* 束帶會使目前為止的行情走勢加速。

第 4 章

提高勝率的
獨門判讀祕訣：
12 款漲跌訊號

命名好記又能
精準解讀訊號

獨特且不可思議的訊號帶你獲利

「這什麼啊？」

第一次接觸我的書的讀者們可能會這麼想。連我的忠實讀者們，看到我用這種插圖整理他們熟悉的訊號，可能也會覺得訝異，連我自己看了有時都會有「咦!?」的瞬間。這是一個不可思議的世界觀。

連我都很欽佩自己，竟然能想出這麼獨特的命名。不過我可不是譁眾取寵。

其實，其實這些命名都是精準表達特徵的名稱！

同時，可以說這 23 種訊號在預測趨勢時，精準度之高，其他方式根本難望其項背。只要繼續看下去，一定也會同意我的說法。

相場世界就是利用這些豐富的「線圖圖鑑」，進行 Good Trading ！

01 下半身（上漲趨勢）

看到「出類拔萃」的訊號準備買進！

超簡單且高精準地暗示上漲趨勢

下半身的特徵，就是讓人不禁聯想到旺盛漲勢的性感曲線。這個訊號雖簡單，精準度卻驚人！

這個線型就是當 5 日線持平或開始向上時，紅 K 線身體（實體）有一半以上突出在 5 日線以上的形狀。出現這個訊號後，常常之後幾天會連續出現紅 K 線，股價起漲。

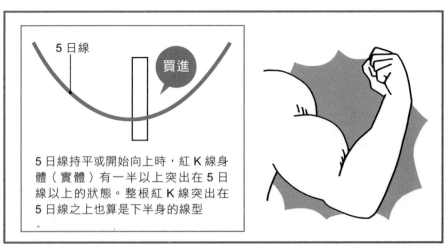

圖表 57　下半身示意圖

因此，下半身出現可想成是「買進時機」。K 線直接突出 5 日線，未和 5 日線相交的線型也可說是下半身。不過關鍵是紅 K 線實體要突出 5 日線，只有上影線突出不能算是下半身。此外，5 日線向下時如果出現下半身，表示下跌力道強勁，也可能無法反彈向上。

前景看好，買盤安心

因為股價低於最近 5 天的平均收盤價，股價被 5 日線壓抑，只能在均線下徘徊。在這種狀態下，應該有很多投資人擔心股價下跌，避免進場買股。此時如果 K 線突破 5 日均線，多數投資人會認為這是上漲訊號，因此瀰漫著「可以買的安心感」（「買股獲利的可能性提高」的心理）。此外很多人期待上漲導致買氣集中，趨勢也容易反彈向上。

搭上漲順風車賺錢的機會

在 5 日線由向下轉為持平，甚至是向上的局面出現下半身的線型，就可以期待之後出現大漲行情，也可以考慮進場買進。

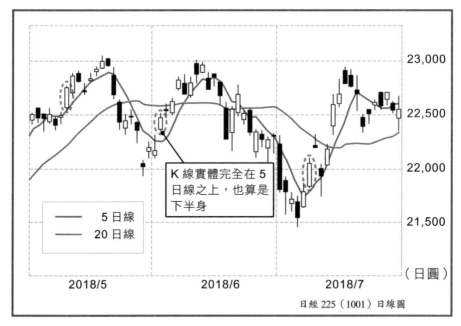

K線實體完全在 5
日線之上,也算是
下半身

5 日線
20 日線

2018/5　　　　　2018/6　　　　　2018/7

（日圓）

日經 225（1001）日線圖

圖表 58　強勢突破 5 日線的「下半身」線型

線圖小知識

雖然下半身是轉換成上漲趨勢的初期變化,但也不是絕對會轉
為上漲。所以先試試水溫就好。若第二天出現「奇怪!」的動
向就先平倉,追蹤下一個動向比較好。

02 反下半身（下跌趨勢）

看起來就很不祥的「勢力衰退」訊號

垂頭喪氣的黑 K 線是下跌趨勢的訊號

　　5 日均線持平或轉而向下時，之前在 5 日線上方的 K 線，若出現實體一半以上都在 5 日線以下的黑 K 線，就是反下半身的線型。黑 K 線未和 5 日線交叉，而是完全在 5 日線下方，也算是反下半身的線型。在上漲趨勢時出現反下半身，就是漲勢停滯，盤整或是反轉向下的局面。

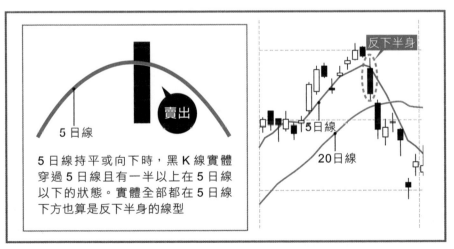

圖表 59　「反下半身」示意圖

　　比起盤整局面，在 5 日線、20 日線都變成左上右下的線型時出現的反下半身，精準度更高，是賣空的時機。看週線也一樣。出現黑 K 線由上而下穿過 5 週線的線型時，行情就會停滯或反轉向下。週 K 線是否出現黑 K 線，則根據週五的股價（下午二點半以後「近乎收盤價」）來判斷。

線圖小知識

在股市漲了一陣子後，有著長上影線的黑 K 線成為下跌趨勢的初期，或者是跌了一陣子後，有著長下影線的紅 K 線成為上漲趨勢的初期，都很常見。

相場語錄 ❹

發現「奇怪！」很重要

\ 語錄解說 /

下半身之後出現黑 K 線，或反下半身
之後出現紅 K 線，就是大家以為要漲，
結果卻以跌作收，或大家以為要跌，
結果卻以漲作收的狀況，當下就要覺
得「奇怪！」，這一點很重要。

不看著線圖多多練習，就無法累
積出覺得「奇怪！」的直覺

03　鳥嘴（上漲趨勢）

根據雞鳴察覺股價將起飛

由均線的形狀就能知道反彈向上的轉換點

　　鳥嘴看的不是 K 線形狀，而是看 5 日和 20 日均線的形狀，來**預測趨勢的轉換**。向上的 20 日線被原在下方的 5 日線突破，就可說是轉換成上漲趨勢的預兆。

　　請看下圖。原在下方的 5 日線向上穿過 20 日線。這和黃金交叉有什麼不同呢？

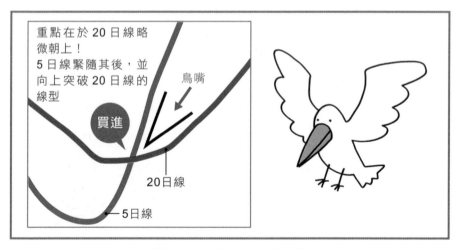

重點在於 20 日線略微朝上！
5 日線緊隨其後，並向上突破 20 日線的線型

鳥嘴

買進

20日線

5日線

圖表 60　「鳥嘴」示意圖

這個線型和黃金交叉的不同之處

鳥嘴的 5 日線和 20 日線都朝上，這一點很重要。此外，交叉點形成明顯的銳角，有如鳥嘴。因為 5 日線向上突破了已經朝上的 20 日線，表示漲勢強勁。

另一方面，黃金交叉在 20 日線持平或向下時仍成立。因此雖有交叉，偶爾還是會出現股價盤整、或股價早已飆漲、或立刻反轉向下……等。鳥嘴則大多出現在上漲趨勢的初期，只要進場買進，獲利可期，精準度可說高於黃金交叉。

鳥嘴前夜出現下半身時，可考慮進場

常常在鳥嘴出現在 5 日線的平均值高於 20 日線平均值之前，就已經出現下半身的線型。因此，當 5 日線向上且出現下半身時，就可以進一步確認 20 日線是否朝上。如果 20 日線看起來也要反轉向上了，就可預測鳥嘴即將出現，可考慮買進。

線圖小知識

所謂黃金交叉，指的是股價下跌後短期均線由下而上突破長期均線的現象。反之，死亡交叉指的則是股價上漲後，短期均線由上而下穿過長期均線的現象。

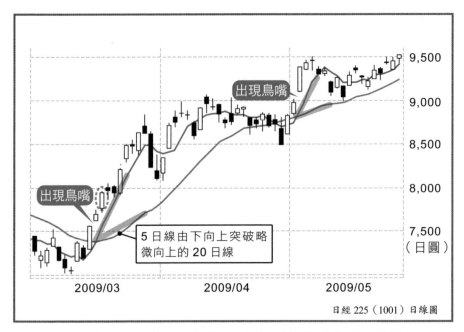

圖表 61　5 日線由下而上突破 20 日線的「鳥嘴」線型

線圖小知識

鳥嘴也會出現在股價跌深觸底反彈向上時。可說是上漲趨勢初
期的訊號。

04 反鳥嘴（下跌趨勢）

飛鳥邊啼叫、邊下墜

在反鳥嘴前夜的「反下半身」布局賣空

5 日線由上而下穿過左上右下向下發展的 20 日線，這就是反鳥嘴的線型。一樣會用 5 日線和 20 日線來說明。位於已經轉而向下的 20 日線上方的 5 日線開始傾斜，由上而下穿過 20 日線，二條均線都呈左上右下的走勢，即完成反鳥嘴的線型。這是轉換成下跌趨勢的轉換期。

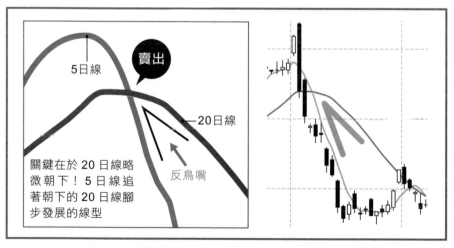

圖表 62　「反鳥嘴」示意圖

　　不同於死亡交叉的地方，在於 5 日、20 日線都向下發展。如果 5 日線由上而下穿過持平或略微向上的 20 日線，這並不算是反鳥嘴線型。出現反鳥嘴之前幾乎可說一定會出現反下半身。在出現反下半身時布局賣空，出現反鳥嘴後加碼，這也是有效的戰略。

線圖小知識

鳥嘴、反鳥嘴出現前，確認到下半身、反下半身等線型時就先試水溫買賣，等到鳥嘴、反鳥嘴線型完成後，就加碼買賣。

Column 01

利用 3 日線和 5 日線
可以早點發現鳥嘴

改變均線，增加獲利機會

　　鳥嘴在均線上升交叉後完成。如果能早一步察知交叉的瞬間，在趨勢轉換的初期就下單，獲利應也可以更為豐碩。可以利用更短期的均線來確認，也就是把 5 日線和 20 日線變成 3 日線和 5 日線。因為期間越短的均線，能越快反應股價變動，所以用 3 日線和 5 日線，來取代 5 日線和 20 日線。

　　下跌的股價轉為上漲，5 日線就會呈左下右上的走勢。而當 K 線要向上突破 5 日線時，3 日線會率先反應，用一個大銳角穿越 5 日線向上發展，完成鳥嘴的線型。

　　如圖表 13 所示，5 日線和 3 日線有時可以提早 2 根 K 線察知局面。

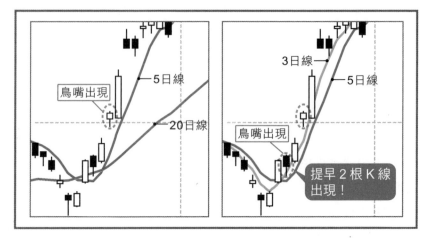

圖表63　3日線＋5日線更早察知鳥嘴

線圖小知識

3日線的活用方法將於第7章均線的最新技巧（見第186
頁）仔細說明。

05 高中生時間（上漲趨勢）

5 日線和 20 日線相親相愛並肩前行

行情持續的訊號為「青春並肩行」

說得極端一點，就是兩條均線朝著相同方向發展的狀態，表示漲勢或跌勢持續。漲跌的差異就看 5 日線和 20 日線的位置與方向來決定。不論是漲或是跌，指的都是兩條均線並行的狀態。

首先說明相親相愛的上漲趨勢。

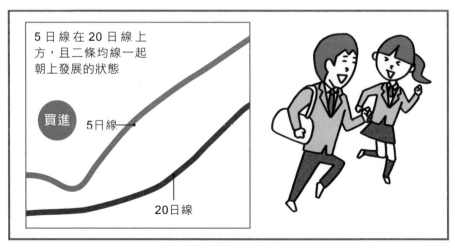

圖表 64 「高中生時間（上漲）」示意圖

只要看線圖就一目了然。20 日線在 5 日線下方，且二條均線都並肩朝上前行。是不是讓人想起不論談戀愛或追求夢想，都毫不猶豫勇敢前行的青春時代呢？這樣的均線讓人聯想到開朗的青春時代。突破關卡和前一波高點的阻擋持續並肩前行，可說是強有力的訊號。

通常發生在分歧、N 大完成後

5 日線和 20 日線的排列對後面會說明的分歧、N 大線型而言至關重要。高中生時間也一樣。除了買單吸引更多買單的狀態外，如

圖表 65　5 日線和 20 日線並肩向上而行的「高中生時間」

果再加上融券回補行情*，更容易墊高股價。話雖如此，漲勢終會到頭，所以請仔細觀察線圖，注意前一波高點或關卡。

任何時間進場買進都能獲利的寶貴趨勢

高中生時間是強勁趨勢持續的訊號。只要這種相親相愛的狀態持續，任何時間進場都能獲利，但獲利最大的關鍵，就在於起漲時就搭上這班順風車。因此，要利用出現下半身和均線排列等，預測高中生時間的起點。不要錯失起漲的時間，做好進場的準備。

---

* 所謂融券回補行情，指的是放空的投資人明知會虧損也必須回補股票，因而推升股價的現象。

06 高中生時間（下跌趨勢）

5 日線和 20 日線，互看不順眼的二人走在平行線上

左上右下平行的下跌趨勢

　　何止不相親相愛，根本就是互看不順眼。一旦覺得這個人「很討厭！」就很堅持互不接觸，這也是青春世代獨有的反應。下跌趨勢中出現的高中生時間就像這樣。5 日線位於 20 日線下方，且二條均線都向右下方發展，表示下跌趨勢仍舊持續。5 日線成為阻力線，無法向上突破，形成只能不斷探底的狀態。

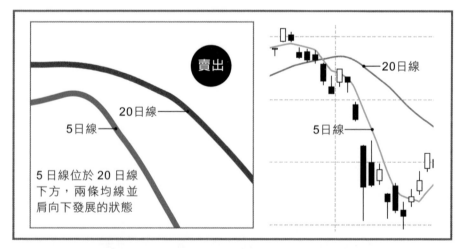

圖表 66　「高中生時間（下跌）」示意圖

　　在這個狀態下，隨時賣出都可獲利。若能在起跌階段布局好空單，就可收穫暴利。出現分歧、反 N 大、反下半身、反鳥嘴等訊號，就持續監視後續發展吧。

　　只要高中生時間持續，每個時間點都可以是賣出點。

線圖小知識

不看 K 線只看均線，更容易判斷漲、跌等大盤趨勢。

相場語錄❺

反正這個世界就是 5日線和20日線

＼ 語錄解說 ／

這裡說的 5 日線、20 日線指的當然是
均線。意思就是，股價趨勢幾乎取決
於 5 日線和 20 日線的關係。這個語錄
是仿效村田英雄和坂本冬美合唱的演
歌〈平成 5 冬美音頭〉的歌詞。

仿效的歌詞是「反正這
個世界就是男和女」

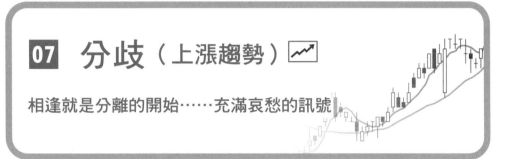

07 分歧（上漲趨勢）

相逢就是分離的開始……充滿哀愁的訊號

用二條均線確認漲跌趨勢持續

在上漲、下跌趨勢中 5 日線和 20 日線並行的局面。5 日線接近 20 日線，讓人以為即將穿過時又分歧，持續原本的趨勢。以為要交會了卻又分離……充滿哀愁的發展。

先來說明上漲趨勢中的分歧訊號吧。

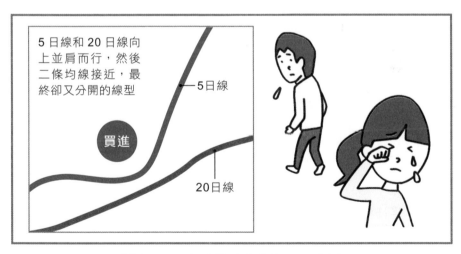

5 日線和 20 日線向上並肩而行，然後二條均線接近，最終卻又分開的線型

——5 日線

買進

20 日線

圖表 67　「分歧（上漲）」示意圖

　　5 日線位於 20 日線上方，二條均線都向右上方發展，描繪出上漲行情時（這和高中生時間一樣），5 日線卻快速下跌，朝著 20 日線逼近。結果 5 日線並未穿過 20 日線，又轉而向上，這就是分歧的訊號。

　　就算 K 線落在 5 日線下方，只要形成分歧的線型，漲勢就會持續。這應該是初學者也很容易了解、容易確認的訊號吧。

推測是為獲利了結賣壓造成暫時下跌的現象

　　漲勢總有一天告終，所以投資人會選擇一個時間點獲利了結。

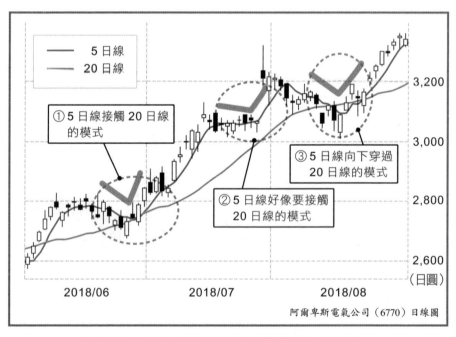

阿爾卑斯電氣公司（6770）日線圖

圖表 68　5 日線接觸 20 日線又分開的「分歧」

因此造成 5 日線下滑。而下滑朝 20 日線接近的途中，有些投資人會覺得股價夠便宜了，而趁拉回買進，導致 5 日線再次上揚。於是出現分歧的線型。

當 K 線在 5 日線下方時，分歧線型成立前，會先出現 K 線實體向上穿過 5 日線的下半身線型。確認到下半身出現，就可以準備在分歧後進場了。只要分歧線型完成後又突破前一波高點，還可以期待大漲行情的出現。建議大家組合下半身、分歧、創新波段高點等不同技巧，提高獲利機率，穩健獲利吧。

線圖小知識

下半身完成、分歧、突破關卡或高點等訊號連續出現時，就可判斷漲勢十分強勁。

08 分歧（下跌趨勢）

哀愁的訊號更添悲情……

5 日線和 20 日線互相靠攏，最終仍持續下跌的趨勢

　　和分歧這個充滿哀愁的名稱最吻合的出現時機，其實是下跌趨勢。下跌趨勢中和 20 日線一同向下並肩前行的 5 日線反轉而上，接近 20 日線。當大家都以為它會突破 20 日線，轉為上漲行情時，5 日線卻連碰都沒碰到 20 日線，又反轉向下了。這就是下跌趨勢中的分歧訊號。

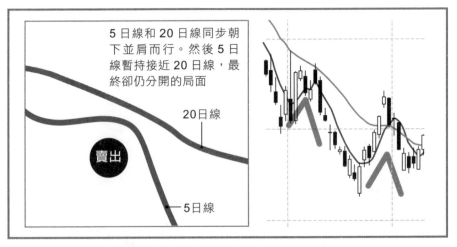

5 日線和 20 日線同步朝下並肩而行。然後 5 日線暫持接近 20 日線，最終卻仍分開的局面

20 日線

賣出

5 日線

圖表 69　「分歧（下跌）」示意圖

逢低買進和反彈賣出的不同點

逢低買進指的是在下跌途中買進，相反地反彈賣出則是在股價反彈向上時賣出。分歧訊號就是在確認 5 日線雖接近 20 日線，卻未能突破 20 日線後再進行買賣。**因此確認再次下跌後出手，買賣的精準度更高。**

線圖小知識

分歧完成前，有時會先出現反下半身的線型。在下跌局面中若出現反下半身，即可預測將出現分歧的線型，先做好賣出的準備。

Column 02

靠 5 日、20 日線，看出趨勢的轉換、持續、突破

趨勢持續中或盤整局面也能買賣

接下來，我們就利用前面介紹的線型：鳥嘴、高中生時間，來模擬操盤吧。請看右頁圖所示。

20 日線開始轉而向上時，5 日線後來居上而出現鳥嘴，在那之前也出現了下半身。趨勢轉換後進入 5 日線和 20 日線的高中生時間。然而均線並肩前行的走勢有點疲軟，接著 5 日線反轉向下，好像快接觸 20 日線了。觀察 5 日線的發展，之後出現好像要接近 20 日線的分歧線型。或許這裡就是逢低買進*的機會。

像這種趨勢的轉換、持續、突破，都可以由均線看出訊號。大家就仔細觀察再進場吧。

---

* 逢低買進是在股價上漲的局面中，抓準股價暫時回檔的時機買進的操作手法。在上圖中就在 5 日線朝著 20 日線下跌時「逢低買進」。

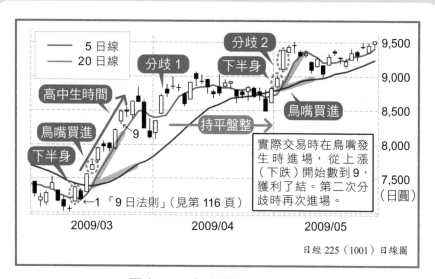

圖表 70　觀察線圖訊號操盤

09 N大（上漲趨勢）

高度期待會出現大行情！

漲了又跌，然後又漲的 N 型訊號

　　N大也是趨勢仍將持續的訊號。N大發生於5日線位於20日線下方，20日線走勢持平或呈左下右上的上漲趨勢時。

　　5日線由下而上穿過20日線。可是穿過後沒多久就乏力，再次下跌。正當大家以為要跌破20日線時，緊要關頭5日線又止住跌勢

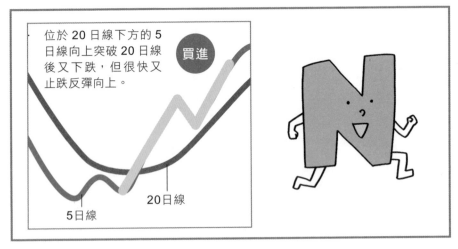

位於20日線下方的5日線向上突破20日線後又下跌，但很快又止跌反彈向上。

買進

20日線

5日線

圖表71　「N大」示意圖

反彈向上。漲了又跌，然後又漲，讓大家看到硬氣的 5 日線，而這樣的走勢也形成 N 字形狀，因而命名為 N 大（不過 5 日線雖然呈 N 型，位置卻在 20 日線下方時，就不是這麼一回事了！）。

跌了又漲的走勢和分歧一樣。可是在 N 大出現的當下，5 日線位於 20 日線下方。這也是 5 日線和 20 日線並肩而行時，出現的分歧和 N 大不一樣的地方。

漲勢強勁！可能出現大行情

由下跌趨勢到 5 日線向上突破 20 日線，然後進入上漲趨勢後，漲、跌、再漲這種 N 大線型，有不少的案例最後都出現了大行情。一旦下跌後又能止跌反彈，可說正是買氣強勁的訊號。

出現 N 大，可想成是賺大錢的機會，請大家要關注後續發展。

5 日線下跌，接近 20 日線。若此時出現一根紅 K 線，且實體穿過 5 日線呈下半身的線型，N 大成立的可能性就很高。5 日線反彈的時間點就是進場買進的時間點。

圖表 72　位於 20 日線下方的 5 日線上漲，描繪出的 N 字線型

　線圖小知識

出現 N 大時 20 日線位於 5 日線下方，當股價和 5 日線下跌，
20 日線可能成為止跌的支撐線。

10 反 N 大（下跌趨勢）

5 日線被 20 日線阻擋後直直落

5 日線上漲，被 20 日線阻擋後下跌

N 大是 5 日線很有元氣地先漲後跌，然後再漲的線型，反 N 大則是有氣無力的 5 日線描繪出的線型。

5 日線、20 日線依序由上而下排列，5 日線反轉向下，由上而下穿過 20 日線。原以為要就此進入下跌趨勢了，5 日線卻又反轉向上。可是在接近 20 日線時卻開始疲軟，再次反轉向下。這就是反 N 大的線型，看起來像 N 倒過來，因此才有了這個命名。

反 N 大中 20 日線成為阻力線，阻擋了 5 日線和股價的上漲。而被 20 日線阻擋的 5 日線則加速下跌。當被 20 日線阻擋時出現黑 K 線，就可說是賣空獲利的機會。

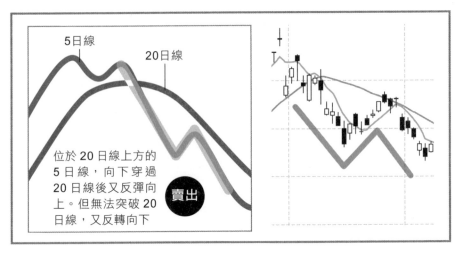

圖表 73 「反 N 大」示意圖

線圖小知識

　　N 大、反 N 大線型也要注意出現前後的關卡。因為突破或跌破
關卡後，有時就會進入長期的上漲或下跌趨勢。

Column 03

不要錯過逢低買進的機會點

分歧和 N 大的突破點就是機會點

　　漲跌終會到頭，但在到頭之前常常會在某個時間點盤整一下，突破後再持續走勢。代表訊號就是分歧。

　　此外，N 大也是分歧的一種，因為有一樣的跌後漲的走勢。不過，一樣是逢低買進，出現 N 大時的操作比較能獲利。

　　請再看一次 N 大線圖。N 大的起點是位於 20 日線下方的 5 日線轉而向上（分歧則是 5 日線在 20 日線上方），之後下跌、再上漲。因為這一連串走勢開始於 5 日線在 20 日線下方急漲，N 大給人買氣更強的感覺。

　　無論如何，重點就是不要錯過分歧或 N 大的線型，在走勢轉弱的突破點逢低買進、加碼買進，累積獲利吧。

利用 5 日線和 20 日線掌握趨勢

　　到目前為止，說明了利用 5 日線和 20 日線的組合讀取趨勢的方法。其中包含了許多訊號，在此先複習一下：

- 鳥嘴……趨勢轉換
- 高中生時間……趨勢老實地持續
- 分歧……有騙線（突破點）的趨勢持續
- 騙大……更容易出現大行情的「分歧」的一種

11　PPP（上漲趨勢）

股價上漲！均線強有力的軌跡

透過均線排列看清上漲趨勢

　　PPP 就是狀聲詞「碰碰碰」的縮寫，也就是均線發出表示上漲趨勢的嘹亮號角聲。我是在欣賞航空自衛隊，藍色衝擊波飛行表演隊的空中飛行表演時，想到這個命名。當時 5 架戰鬥機升空，在天空中留下鮮明的飛行軌跡，讓我想到 5 條均線氣勢如虹的上漲趨勢，腦海中不禁響起勝利的號角聲。

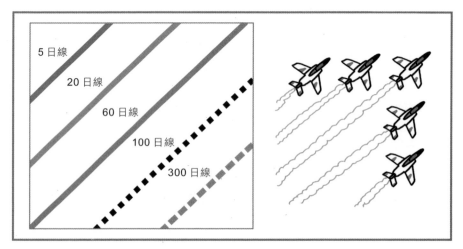

圖表 74　「PPP」示意圖

PPP 成立的均線排列，由上而下依序為 5 日、20 日、60 日、100 日、300 日線，且方向全朝上。再者，K 線又在 5 日線上方。均線之間不會太過接近，有一定的距離，且向上的角度大比平坦好。只要 PPP 線型不變，股價就會持續上漲。

短期上漲，可透過前期 PPP 知道

PPP 通常是代表上漲趨勢長期持續的訊號，而代表上漲趨勢短期持續的訊號則是前期 PPP。這是朝上發展的均線，由上而下依序為 5 日線、20 日線、60 日線的訊號（100 日線不一定要在最下方）。

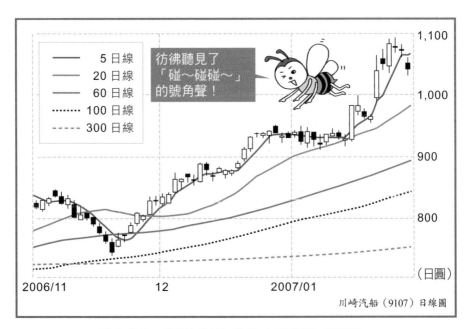

圖表 75　長期又可大賺的上漲趨勢「PPP」

　　PPP、前期 PPP 是可透過買進獲利的局面。只要這個訊號持續
出現，且股價一直位於 5 日線上方，就算出現黑 K 線也還是要忍住，
不要輕易賣出。不過，等到 5 日線躺平，或者在 PPP、前期 PPP 持
續中 K 線（不分黑 K 線紅 K 線）實體跌破 5 日線，就要考慮獲利
了結。

線圖小知識

如果在線圖上拿掉 K 線，只留下均線，更容易發現 PPP、前
期 PPP。

12 反 PPP（下跌趨勢）

讓人聯想到尼加拉瀑布的下跌訊號

排列順序和上漲的 PPP 完全相反，全部朝下

　　嘹亮的號角聲是上漲的 PPP，那麼排列和方向完全相反，表示下跌局面的訊號就是反 PPP。均線排列由上而下依序為 300 日、100 日、60 日、20 日、5 日線。且方向全部朝下，K 線也在 5 日線下方，可說是很明顯的下跌趨勢。不看 100 日線，若由上而下依序為 60 日、20 日、5 日線，且全部朝下，那就是比反 PPP 更短期的趨勢，也就是前期反 PPP 的訊號。

　　當股價跌破 5 日線，確認反 PPP、前期反 PPP 成立後，就可準備賣出。反 PPP、前期反 PPP 出現前常會出現反下半身線型，所以當反下半身出現時，請考慮賣出。操盤步驟就是在反 PPP 時布局賣空，並在股價跌破 5 日線時獲利了結。

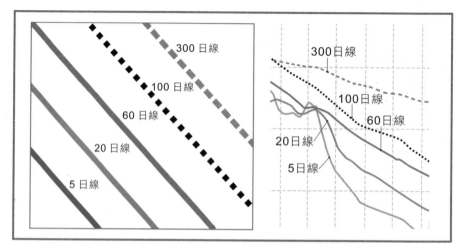

圖表 76　「反 PPP」示意圖

線圖小知識

如果在反 PPP、前期反 PPP 時賣空，當 5 日線躺平，或 K 線（不
分黑紅）向上突破 5 日線時就要回補。

第 **5** 章

提高勝率的

獨門判讀祕訣：

6款趨勢轉換訊號

13　黑盒子

均線交錯有如迷宮

PPP、反 PPP 的轉換點

　　第 4 章的最後，說明了均線描繪出漂亮的上漲趨勢的 PPP 和下跌的反 PPP 線型。

　　然而，有時行情無法形成 PPP 或反 PPP，均線和 K 線也亂七八糟，趨勢模糊不清。我稱這種狀態為黑盒子。均線的發展經常會經過黑盒子後，形成 PPP 或反 PPP。

　　出了黑盒子後 5 日線向下跌破 20 日線，均線排列改變，轉換成反 PPP。

　　出了黑盒子後 5 日線向上突破 20 日線，均線排列改變，轉換成 PPP。

　　如果發現黑盒子，之後就可能形成 PPP 或反 PPP，請做好買賣的準備。

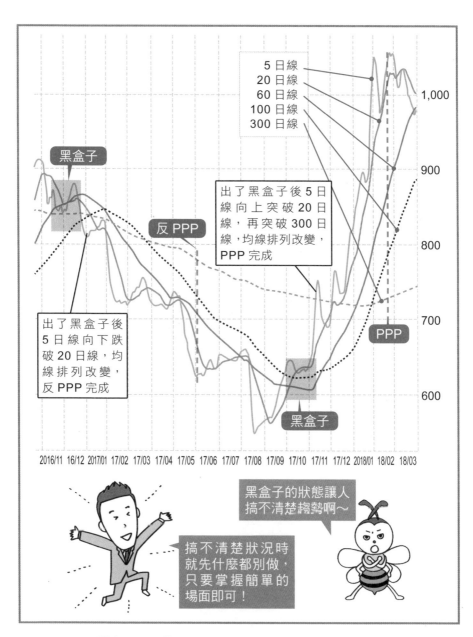

圖表 77 「反 PPP → 黑盒子→ PPP」的轉換

用 K 線和 20 日線的位置考慮買賣

在出現黑盒子時，進行買賣的線索就是 20 日線和 K 線的位置。K 線如果在 20 日線上方，就可能轉換成 PPP，可以準備買進。若 K 線在 20 日線下方，很可能轉換成反 PPP，應準備賣出。

記住這個位置關係，再來考慮買賣。

用過去 20 年的日經線圖來驗證出現率，結果 PPP 為 30%，反 PPP 為 30%，黑盒子式的狀態為 40%。所以就算不在無法掌握方向的黑盒子狀態買賣，光靠 PPP 或反 PPP，可以說也足以獲利。

14 無尾熊

5 日線就像無尾熊，20 日線則是尤加利樹

預測跌漲趨勢的訊號

無尾熊是棲息在澳洲的有袋動物。大家腦海中是否浮現了無尾熊抱在尤加利樹上的樣子呢？在此把 5 日線比喻成無尾熊，20 日線比喻成尤加利樹，透過 5 日線是交纏在 20 日線之上或之下，來預測趨勢。

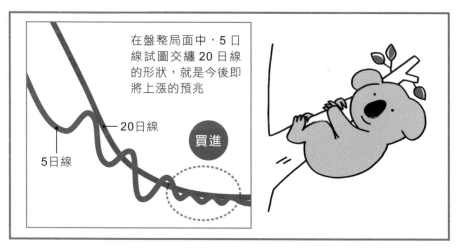

圖表 78　「無尾熊」示意圖

無尾熊交纏在 20 日線之下就會漲

　　5 日線位於下跌的 20 日線下方，向上接近 20 日線。遠離後又接近……形狀很像下跌趨勢中的分歧。可是在盤整局面中，5 日線試圖交纏 20 日線的形狀，是預言漲勢的無尾熊線型。此時累積買進部位，等待 5 日線突破 20 日線的瞬間，為轉換成 PPP 的機會做好準備。

20 日線上方的無尾熊纏上 20 日線，轉趨直下

　　另一方面，若 5 日線位於 20 日線上方，向下接近 20 日線後又分開，在上漲趨勢進入盤整的局面中，且 5 日線接近 20 日線並交纏在一起的狀態，就是預言下跌的無尾熊線型。進入此狀態後股價就無法突破前一波高點，不久 5 日線就會向下跌破 20 日線，轉換成反 PPP 的可能性變大。

　　不過，這種訊號並不表示一定會轉換成上漲趨勢或下跌趨勢。即使出現下跌訊號的無尾熊，10 次中也有 3 次不跌反漲……所以不要因為出現無尾熊線型就急著買賣，先觀察一段時間吧。

圖表 79　5 日線位於 20 日線下方，向上交纏突破後上漲

線圖小知識

在無尾熊線型時也適合操作信用部位避險。例如預測會跌而賣出，結果卻出現下半身線型，就融資買進來避險。

15 巴爾坦

鹹蛋超人的宿敵出現在作頭區

在上漲趨勢出現 M 字頭，趨勢即將告終

　　巴爾坦星人是在電視節目「鹹蛋超人」中出現的角色，是鹹蛋
超人的敵人。在線圖中出現的巴爾坦星人，可說是表示漲勢告終的
訊號。這個訊號的形狀很像巴爾坦星人頭部的形狀，一樣是 M 字型，
所以命名為巴爾坦。

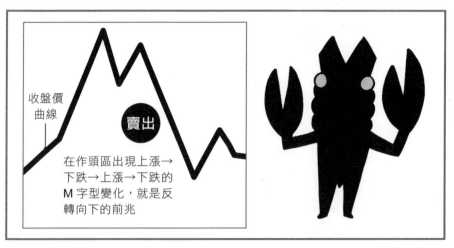

收盤價
曲線

賣出

在作頭區出現上漲→
下跌→上漲→下跌的
M 字型變化，就是反
轉向下的前兆

圖表 80　「巴爾坦」示意圖

形成 M 字型的曲線是收盤價連成的曲線。以 K 線來說，紅 K 線的收盤價在實體上方，黑 K 線的收盤價在實體下方。只要看習慣了，光看 K 線的排列可能就可以在腦中描繪出收盤價曲線，不過這樣還是不太容易理解。所以如果可以，就把線圖軟體的設定由 K 線改成收盤價曲線吧。只要收盤價曲線呈現 M 字型，就可推測漲勢到頭了。

K 線的排列則是紅 K 線→黑 K 線→紅 K 線→黑 K 線。

投資人的疑心暗鬼，造就巴爾坦

漲了跌，然後又漲、又跌，這就是巴爾坦線型。看來充分表現出投資人對於該買、該獲利了結、還是該賣的迷惘不安。作頭區出現此線型，常常就是狂跌的起點。這可能是因為投資人痛下決心，不再迷惘了。

表示作頭區的均線訊號有雙重頂（Double Top）和三重頂（Triple Top）。也就是線圖上出現 2 個或 3 個山形的訊號，但用收盤價曲線來看，常會發現最後的山頂形成巴爾坦線型。只要確認雙重頂和巴爾坦線型出現，就可以很精準地預測股價將在作頭區反轉向下。這也是布局賣空的時機。

圖表 81　收盤價曲線出現 M 字形，就要有下跌行情的預感

線圖小知識

表示頭部的訊號還有「嘗試攻頂失敗」，但巴爾坦比較會出現
在短期間內。

16 屁股（反巴爾坦）

確認底部跟在趨勢後頭起哄！

可用 4 根 K 線確認底部

巴爾坦是在作頭區看跌的訊號，屁股則相反，所以也可以稱呼其為反巴爾坦。但在我眼裡，W 型就很容易看成屁股，所以就命名為屁股了。這個訊號也要用收盤價曲線來確認。**以 K 線圖的排列來說，就是黑 K 線→紅 K 線→黑 K 線→紅 K 線。只要這 4 根 K 線即可預測底部，所以會比雙重底（W 型底）更早察覺趨勢的轉換。**

由下跌要轉為上漲，低點必須不斷地創新高。第二個底部在還未到第一個底部的低點時就反彈向上，若又突破了第一個底部上漲後的高點（頸線），趨勢就可能轉換。**屁股線型出現，在轉換成上漲趨勢時，是低價買進的好時機。**

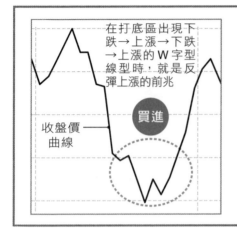
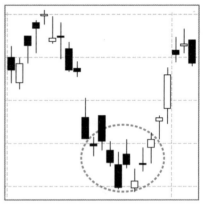

在打底區出現下跌→上漲→下跌→上漲的 W 字型線型時，就是反彈上漲的前兆

買進

收盤價曲線

圖表 82　「屁股」示意圖

線圖小知識

屁股也是代表投資人心中迷惘的線型。趨勢轉換後常會有劇烈波動，底部跳空上漲也不少見。

相場語錄❻

相場師朗的股票獲利 65%來自賣空*

\ 語錄解說 /

到目前為止，說明了上漲時和下跌時
的線圖訊號，如 PPP 和反 PPP、巴
爾坦和屁股（反巴爾坦）。若在下跌
時也能獲利，獲利機會就倍增！所以
也不需要看著下跌行情嘆氣，希望大
家把暴跌變成機會。

我要成為下跌行情中
也能獲利的優秀股市
職人！

* 所謂賣空，和現貨交易不同，而是先賣出目前手邊沒有的股票，之後再買回讓交易
成立。在股價下跌局面中可以獲利。

17 放浪兄弟

預測趨勢的移動線表現

均線指出下跌、上漲的轉換時機

說到放浪兄弟，大家都知道是一個以歌舞表演出名的團體。十
多人一起跳的舞蹈，不但速度快，又充滿節奏感。因受到他們的舞
蹈啟發，所以我把轉為上漲、下跌的均線走勢命名為放浪兄弟。這
到底是什麼樣的走勢呢？

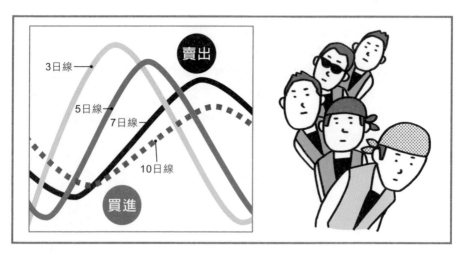

圖表 83 「放浪兄弟」示意圖

上漲、下跌都構成放浪兄弟線型的均線，指的是短期均線。原則上看的是 3 日線、5 日線、10 日線的走勢和位置。一開始是 3 日線突破 5 日線，接著突破 7 日線、10 日線，然後 5 日線也跟隨 3 日線的腳步，突破 7 日線、10 日線，就算放浪兄弟線型完成。

這個線型主要出現在趨勢轉換的局面，但也會出現在上漲趨勢的局面中下跌後再上漲，或是下跌趨勢的局面中上漲後再下跌、或盤整局面中的上下波動。

不能錯過放浪兄弟線型前一夜的預兆

放浪兄弟線型出現前會有預兆。首先股價會反轉，3 日線隨之反應，反折呈銳角。看到此預兆就要預測可能出現放浪兄弟線型，隨時關注均線走勢吧。

接著說明放浪兄弟和股價令人在意的關係。

一開始的走勢是 3 日線和 5 日線交叉，股價反應則更早出現。在形成交叉前，股價應已先一步突破 5 日線了。所以也常常會出現 K 線訊號如下半身或反下半身。此外，從突破前一波高點、低點等走勢，也可預測放浪兄弟線型即將出現。

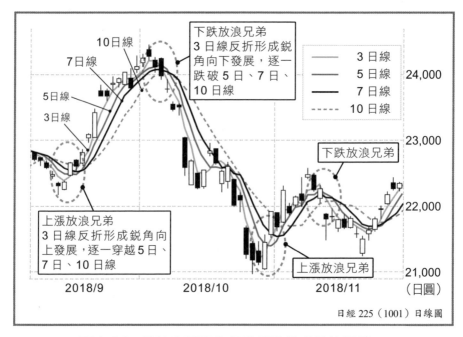

下跌放浪兄弟
3 日線反折形成銳角向下發展，逐一跌破 5 日、7 日、10 日線

10日線
7日線
5日線
3日線

3 日線
5 日線
7 日線
10 日線

24,000
23,000
22,000
21,000

下跌放浪兄弟

上漲放浪兄弟
3 日線反折形成銳角向上發展，逐一穿越 5 日、7 日、10 日線

上漲放浪兄弟

2018/9　　　2018/10　　　2018/11　　（日圓）

日經 225（1001）日線圖

圖表 84　描繪出漂亮的趨勢轉換的「放浪兄弟」

線圖小知識

放浪兄弟線型除了是買進的訊號，也可有效用來確認、繼續多頭或空頭部位。

18 A 局面、B 局面、C 局面

價格波動反覆上漲、盤整、下跌

股價走勢就是上漲、下跌、盤整

股價走勢有三種，也就是上漲、下跌和「盤整」。

所謂盤整，就是沒有大漲也沒有大跌，持續著上下小波動的狀態。就像是螃蟹橫行一樣的狀態。

也可以說就是沒有方向感，不會向上突破或向下跌破的發展。

那麼股價事實上是如何波動的呢？

我針對東證一部上市的 400 檔個股，調查了每檔個股 30 年間的線圖，總計調查了 12,000 年分的線圖。

結果我發現了一些特定的模式。也就是股價下跌和上漲之間，會有盤整期。

股價反覆出現 A 局面、B 局面、C 局面

股價波動的基本模式如下：

下跌→盤整→上漲

針對這三種波動，我把下跌稱為 A 局面，盤整為 B 局面，上漲則為 C 局面。股價波動就是 A 面。股價的反覆出現。也就是說股價由 A 局面（下跌）發展至 B 局面（盤整），然後到 C 局面（上漲），觸頂後又回到 B 局面。

用 ABC 局面來看股價發展，就更容易了解股價趨勢，考慮買賣時機。

順勢操作買賣

例如由 B 局面發展至 C 局面時就下買單。相反地，由 B 局面發展至 A 局面時就布局賣出。

可能會有人說「這不是廢話嗎」，但事實上，股價明明在 C 局面中途，還是有人覺得「不應該漲這麼高」而布局賣空，結果就虧大了。

買賣時必須冷靜地判斷局面。

B 局面就是買賣雙方勢力互相抗衡的局面。持續下跌後有投資人認為差不多要觸底了，而下買單或賣空回補，反之也有投資人認為還會再跌而下賣單，市場上充斥者兩種完全反向的操作。相反地，當持續上漲時，也會有獲利了結、加碼買進、認為已到頭部而賣空等操作盡出。這麼一來股價就會在一定區間內來回，呈現盤整局面。

在盤整的 B 局面中，也可以看準價格波動的上下限，在高點賣

出，低點買回。但投資人也可以選擇不要在這種困難的局面出手，靜觀其變。無論如何，關鍵就是要順著 ABC 局面的勢操作，不要逆風而行。

圖表 85　股價反覆「下跌→盤整→上漲」

線圖小知識

　　一般認為上漲行情中，1 個月會出現小高點，3 個月到達極盛期，6 個月衰退。股價脫離盤整開始上漲或下跌後經過的天數，日文就稱「日柄」，也就是天數的意思。

搭配組合，操作更有效！

利用下半身、反下半身來操作

　　我用這個專欄來說明組合放浪兄弟線型和其他訊號來操作的方法。

　　下跌後反彈向上時，紅 K 線會突破 5 日線形成下半身。相反地，由高點反轉向下時，K 線會跌破 5 日線出現反下半身。

　　所以就可以考慮以下的有效操作方法。

- 出現下半身時買進，確認放浪兄弟線型完成後，繼續持有或加碼買進。

- 出現反下半身時賣出，確認放浪兄弟線型完成後，繼續持有或加碼賣出。

3 日線和 5 日線的上下與低點、高點的關係

　　再來關心放浪兄弟線型和前一波高低點的關係，並活用在操盤上吧。

　　上漲的放浪兄弟線型要成立，就是 3 日線、5 日線要在觸及低點後反彈向上發展。此時的低點若高於前一波低點，就是跌勢趨緩的證明。假如又持續創新高上漲，就可認為是正式轉換成上漲趨勢，應考慮買進。

　　反之，下跌的放浪兄弟線型要成立，3 日線和 5 日線要在觸及高點後反折向下發展。此時的高點若未能創新高，就該考慮買氣縮手的可能，當高點越來越低，就可認為是轉換成下跌趨勢，應考慮賣出。

線圖小知識

採取出現下半身即賣出的作戰，有時下半身後會出現黑 K 線。必須觀察第二天以後的動向，斟酌要撤退還是繼續。而在反下半身出現時賣空也一樣。

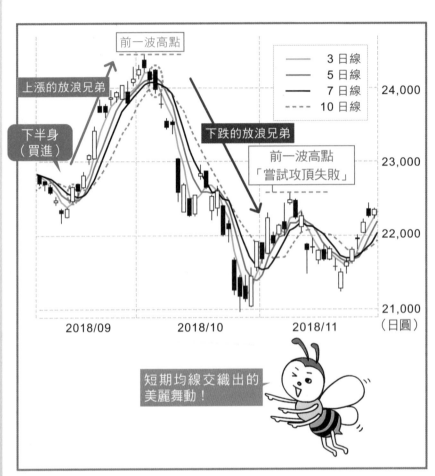

前一波高點

上漲的放浪兄弟

下半身
（買進）

下跌的放浪兄弟

前一波高點
「嘗試攻頂失敗」

——	3 日線
——	5 日線
——	7 日線
- - -	10 日線

24,000

23,000

22,000

21,000

2018/09　　　　2018/10　　　　2018/11　　（日圓）

短期均線交織出的
美麗舞動！

圖表 86　下半身、反下半身和放浪兄弟線型的組合

3 日線的轉折是放浪兄弟線型的前兆！一旦形成放浪兄弟線型，就會產生美麗的趨勢

線圖小知識

仔細觀察均線是否創新高、新低或無法突破，早一步掌握變化，這一點很重要。

相場語錄 ❼

高麗菜要切絲
1,000次！

\ 語錄解說 /

乍看之下這句話和股票毫無關係，其實不然。就算不會把高麗菜切絲，只要練習 1,000 次，也可以切得很順手。同理可證，看著線圖分析走勢也只要不斷練習，一定可以提升技術得到成果。

有些學員會把進場和平倉時機記錄在線圖上，進行「繪圖練習」，1 年畫 1 萬張以上哦！

第 **6** 章

提高勝率的
獨門判讀祕訣：
5 款預測頭底訊號

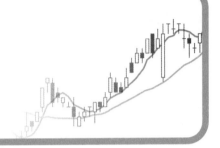

19　9日法則

趨勢幾乎都會以「9」告終

利用反應投資人心理的法則，尋找趨勢轉換點

　　股價天天有漲有跌，沒有股票永遠在漲或下跌，漲跌終有盡頭。
而這種股價波動或多或少都受到投資人「心理」的影響。

　　當漲勢持續時有人會意識到是否已到頭，出現「在轉跌前了結
獲利吧。來賣空為下跌做準備」的心理，反之，則會意識到是否已
觸底，出現「逢低買進、進場買進為上漲做準備吧」的心理。

　　反應出這種投資人心理的法則就是「9日法則」。

　　上漲趨勢、下跌趨勢時，投資人開始意識到頭部、底部，下意
識決定獲利了結，大概是會在第9日左右。因此不論漲跌，大概都
會在9日左右暫時告終，這常常是趨勢轉換的時間點。

　　操盤時可有效活用9日法則，決定在行情中獲利了結的時間點。
不知是否該收手時，就是9日法則大展身手的機會。

　　若是上漲趨勢，可以算一下自己買進的那天，是起漲後第幾天。
如果是第3天，就可推測還可能漲6天，藉此設定獲利了結的預定
日期。在下跌趨勢布局賣出時也一樣，算算是第幾天，然後設定回

補預定日。

計算方法很簡單，只要數 9 根 K 線即可

若是上漲趨勢，算法就是從起漲的最低點（收盤價）的 K 線為 1。從第 1 根開始算，只要趨勢持續，不論 K 線是紅或黑，有些微漲跌也沒關係，算到第 9 根 K 線。下跌趨勢也一樣，從起跌那一天的 K 線為 1，只要趨勢持續就繼續算下去。

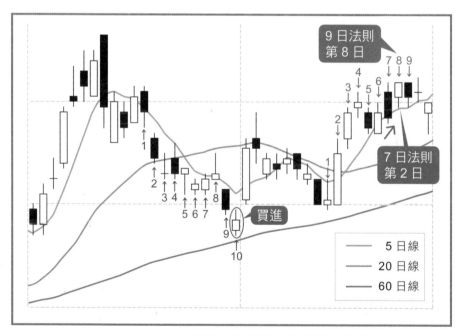

圖表 87　不論漲跌，幾乎都會以「9」告終

靠 5 日線及 K 線來判斷趨勢是否持續

趨勢持續與否，需要靠 5 日線和 K 線的關係來推測。

下跌時出現下半身線型等，K 線向上突破 5 日線後，只要一直位於 5 日線之上，就會持續上漲。反之，上漲時若出現反下半身，K 線向下跌破 5 日線後，只要一直位於 5 日線之下，就會持續下跌。

此外，均線的排列若一直維持 PPP、反 PPP，股票趨勢也會持續下去。

線圖小知識

趨勢持續的局面以外預測頭部、底部的手法，就是下一節介紹的「7 日法則」。

20 7 日法則

行情趨勢以外獲利了結的有效手法

以收盤價為基準計算，察覺頭部、底部

進場買賣後，到底什麼時應該獲利了結出場呢？這實在讓人傷透腦筋。此時「7 日法則」就可以發揮作用了。不論漲跌，都會在第 7 日結束，計算方法則是以收盤價為基準，不分紅黑 K 線。在上漲局面中即使出現黑 K 線，只要收盤價高於前一天，就要算進去。在下跌局面即使出現紅 K 線，只要收盤價低於前一天，也要算進去。十字線也要算進去，但如果十字線連續出現就不用算進去。

結束計算的時間點，以上漲局面來說，就是紅 K 線之後出現黑 K 線或十字線，且收盤價低於前一天時，就算是上漲行情告終。以下跌局面來說，就是黑 K 線之後出現紅 K 線或十字線，且收盤價上漲止跌，就算下跌行情結束。

不過，幾乎實際上漲跌都會在 4 天結束。如果連續 4 天漲或跌，就要考慮獲利了結了。

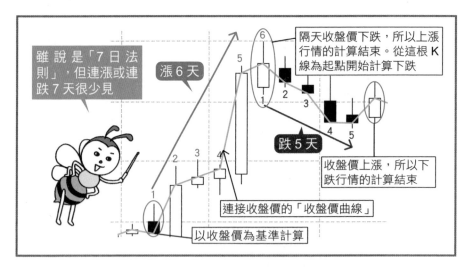

圖表 88　「7 日法則」的計算基準為收盤價

線圖小知識

光以 JPX400 主要個股來說，連漲或連跌 4 天就結束的例子占
85%。其他個股的漲或跌也幾乎 4 天即結束，很少有連續 7 天
的例子。

Column 5

把股價當成戀人

別錯過任何訊號，預測動向

大家有沒有聽過「隨機漫步理論」？就是股價不受過去波動的影響，不論漲跌，機率各為二分之一的想法。也就是說，股價波動根本無法預測。不過大家應該都發現了，其實並非如此。

股價波動時會出現多個訊號以為預兆。上漲趨勢中的分歧完成前，常會出現下半身。而多次挑戰新高失敗後，就是嘗試攻頂失敗，會出現巴爾坦線型。股價波動並非隨機漫步，可經由訊號進行預測。因此，大家平時還是多看線圖，練習讀取股價波動的訊號。

找出多個訊號的讀線圖練習

比方說，練習時可以在高中生時間用「9 日法則」來預測漲勢告終的時間點。此外，也可以試著判斷是否會創新高、整數股價是否會成為阻力等，檢查多個訊號。每天反覆進行這種練習，在腦中建立「那樣的話就會這樣」的思考回路。有了這樣的回路，自然有助於在實戰時打勝仗。

覺得練習或檢查訊號很煩，就把股價當成是自己的戀人，這樣就不會放過任何訊號。若現在剛好沒有戀人，那真是再好不過了。

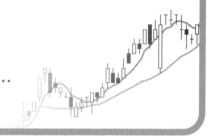

21 嘗試攻頂失敗

挑戰高點遇到挫折,股價直直落……

無法突破前一波高點,加速下跌

股價要持續上漲,就必須突破前一波高點,不斷墊高低點才行。話雖如此,不論漲勢再怎麼強勢,總有一天也會到頭,這是很正常的事。

股價走勢一旦疲軟,就無法突破前一波高點。

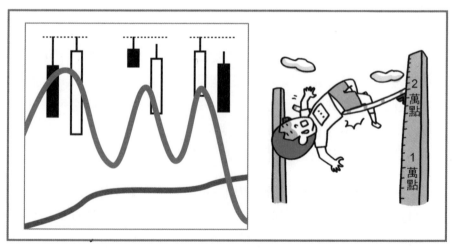

圖表 89 「嘗試攻頂失敗」示意圖

雖然漲到前一波高點附近，卻無法突破轉而下跌；雖然又反彈上漲，仍舊無法突破而又下跌，形成疲軟的走勢。這就是「嘗試攻頂失敗」的線型。此外這個訊號在無法突破 500 點、1000 點等整數股價時也成立。

那麼在嘗試攻頂失敗時，股價又會如何波動呢？漲勢會反轉向下，如果再次嘗試攻頂失敗（也無法觸及高點），就有跌勢加速發展的趨勢。

為消除未實現損失而產生的賣壓是主因

買在高點的投資人們其實都有未實現的損失。所以當股價重回到高點附近時，他們為了消除未實現損失，就會賣出持股。要突破前一波高點就必須消化這種賣壓。因此漲勢不夠強勁的話就會嘗試攻頂失敗。

嘗試攻頂失敗型，是賣空的機會

確認到嘗試攻頂失敗的線型，如果又出現多個訊號，如反下半身、反鳥嘴、創新低等，就是賣空的好時機。再次出現的嘗試攻頂失敗線型常常會加速跌勢，所以也是賣出的時機。

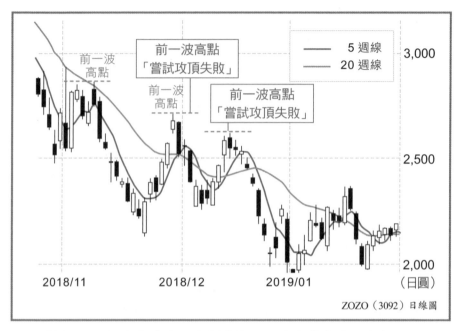

前一波
高點

前一波高點
「嘗試攻頂失敗」

前一波
高點

前一波高點
「嘗試攻頂失敗」

―― 5 週線
―― 20 週線

3,000

2,500

2,000

2018/11　　　　2018/12　　　　2019/01　　　（日圓）

ZOZO（3092）日線圖

圖表 90　無法突破前一波高點轉而下跌的「嘗試攻頂失敗」

線圖小知識

嘗試攻頂失敗也可用收盤價曲線來確認。連接高點和高點的收
盤價曲線呈左上右下發展，即可確認嘗試攻頂失敗線型成立。

22 前一波高低點

股價和人生一樣，都有重要的關卡

預測趨勢轉換時，要經常意識到關卡

大家應該都知道「人生的關卡」這種說法，指的就是入學、就業、結婚等人生的重要轉捩點。

股價一樣有關卡。例如大家應該看過「日經指數跌破 2 萬點大關」這條報導。

所謂關卡，**指的就是過去趨勢中的轉捩點的股價，也就是「前一波高低點」、「整數股價」。**

許多投資人都很注意，買賣時也會意識到這些股價，所以很容易成為**趨勢的轉換點、上漲趨勢的作頭區或下跌趨勢的打底區**，也可說是讀線圖時的重點。

突破？跌破？用來預測趨勢轉換

前一波高低點也可以說成是「最近的」高低點。

那麼前一波高低點指的又是哪個股價？

收盤價嗎？還是當天（週、月）的最高點、最低點？

答案是最高點、最低點。用 K 線來說就是影線的頂點。

若跌不破前一波低點、創新高，就會進入上漲趨勢。反之，跌破前一波低點、無法創新高，就會進入下跌趨勢。既無法突破高點，又無法跌破低點，在一定的股價區間內波動的局面，就是盤整（箱型區）。

高低點可成為支撐，加速發展，也可能成為阻力

前一波低點常會成為止跌的緩衝，但如果跌破這個低點，就會加速下跌。這是因為會買在低點附近的投資人，通常只要有一點獲利就出脫持股，再加上停損賣壓和賣空操作，導致跌跌不休。

前一波高點容易成為上漲趨勢的阻力，但若能突破這個關卡，漲勢就會受到激勵，前一波高點搖身一變成為下跌支撐線。

只要突破前一波高點，就進場買進吧。此外，創新高後反轉下跌，但未能跌破前一波低點又反彈回漲時，就考慮在漲勢途中拉回時買進（在停止下跌時點買進）。

反之，不能突破前一波高點即反轉下跌時即賣出，跌破前一波低點時就是加碼賣出的機會。

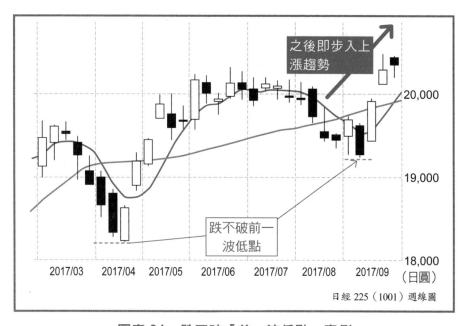

之後即步入上漲趨勢

20,000

19,000

跌不破前一波低點

18,000

2017/03　2017/04　2017/05　2017/06　2017/07　2017/08　2017/09（日圓）

日經 225（1001）週線圖

圖表 91　跌不破「前一波低點」案例

線圖小知識

位於股價高點和低點的均線，可能成為阻擋續漲的上漲阻力線或止跌的下跌支撐線。

23 整數股價

投資人也是人,注意整數股價。

沒有尾數的整數股價,有時會成為關卡

整數股價有時會成為股價走勢的頭部、底部或**趨勢**轉換的關卡。所謂整數股價指的就是像 300 點、500 點、1000 點等沒有尾數的數字。這樣的數字在上漲**趨勢**中,很可能成為阻升壓力,在下跌**趨勢**中很可能成為止跌緩衝。

看看過去的日經指數,也可以發現 23000 點、22000 點、21000點、20000 點等都成為了關卡。

個股也是一樣的情形。下跌**趨勢**的股價可能在 1000 點等整數股價止跌,若 K 線超出 5 日線,就是**觸**底反彈的訊號。而上漲的股價如果不能突破 2000 點等整數股價,即可預測將反轉向下,進入下跌**趨勢**。

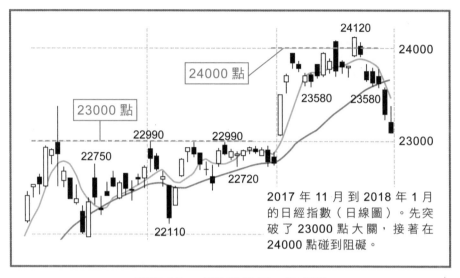

2017 年 11 月到 2018 年 1 月的日經指數（日線圖）。先突破了 23000 點大關，接著在 24000 點碰到阻礙。

圖表 92　「整數股價」示意圖

線圖小知識

整數股價幾乎和前一波高點相同時，就可能成為極為強大的阻力線。

相場語錄 ⑧

對相場師朗而言，
「某種程度」指的就是1億日圓

＼ 語錄解說 ／

相場師朗宣稱，立志投資股票的人，
只要不斷練習，「即可有某種程度的
獲利」。針對「某種程度是多少？」
的提問，回答如上。

據說相場師朗的學員中，也
有人看不上 1 億日圓，而以
10 億日圓為目標

Column 6

不同期間的三種手法

幾天內只買或賣的「散彈槍」

所謂散彈槍，指的是 2 日到 1 週左右的短期操作。只靠買或賣單向獲利，是「只鎖定一邊」的投資。如果只鎖定買進，也可不透過信用交易，只在現貨市場交易。

資金少時就以最小單位來買賣，一點一滴地累積獲利。不過，交易時不要只鎖定一檔個股，而是一路改變標的，針對出現買賣訊號的個股交易。

做法其實很簡單。大家可以想成進場買進出現下半身訊號的個股，等出現黑 K 線後立刻出場。然後買進創新高的個股，遇到關卡再立刻出場。第 7 章將會詳細說明適合散彈槍短期操作的均線新技巧。

長期操作建立部位的「掌握股價波動慣性」

掌握股價波動慣性則是 3 至 6 個月的長期操作。鎖定一檔個股，視趨勢進行買或賣的「部位」操作。這是利用股價波動的投資方法，標的是線圖上股價呈現大幅波動的個股。

操作時會反覆買賣，所以必須採用信用交易。實際上很複雜的部位操作，其實可以如下面所描述，進行想像。

在打底區買進，搭上上漲趨勢的順風車後加碼買進。出現長黑 K 線，並覺得「奇怪！」時就下賣單（做為萬一下跌時的避險），等到實際進入下跌趨勢後，就停買加碼賣出……用

這種操作來累積獲利。

同時具備兩種手法特徵的「短線操作」

第三種「短線操作」則是介於散彈槍和掌握股價波動慣性之間的交易手法。**操作期間為 1 至 2 週左右。**觀察多檔個股，在出現買賣訊號的標的之間轉換，到此為止和散彈槍一樣。但也會視需要操作部位，這一點則可說較接近掌握股價波動慣性的手法。

無論哪種手法，第 4 至 6 章介紹的買賣訊號都有效。此外，我也要附帶說明，釐清趨勢的方法和平倉點也很有效。

名稱＼特徵	散彈槍	掌握股價波動慣性	短線操作
期間	2 日～1 週	3～6 個月	1～2 週
部位操作	不操作部位。只做買或賣的「只鎖定一邊」的投資	頻繁操作	視需要操作
觀察個股	觀察多檔個股。投資 2 檔個股以上的分散投資	鎖定自己擅長的一檔個股	觀察多檔個股。投資 2 檔個股以上的分散投資
難易度	初級	高級	中級
附註	幾天就平倉，所以初學者和資金少的人也容易上手。而且適合前景不明的市場	掌握該檔個股特有的波形，和價格波動的特性操作。由行情上下波動以雙向獲利	也用週線圖來判斷，也看日線圖操作。如果價格波動不如預期，就操作部位填補損失

圖表 93　三種交易手法與特徵

相場語錄 ❾

當成「必要經費」

\ 語錄解說 /

乍看之下可能會以為這句話指的是有未實現損失時的「停損」，其實不然。操作期間有時會先暫時出場，觀察狀況後再次進場。這種「暫時出場」的行為，當下會出現損失，不過以整體交易來看，最終不過是勝利所需的「必要經費」而已。

意思就是「暫時出場」，
其實是必要經費

第 7 章

判讀均線的
進階技巧，
提高預測走勢準確度

比 5 日、20 日線預測走勢更精準的手法

用於預測趨勢的 3、7、10 日線

股價有趨近均線的傾向。均線向上發展時，即使股價下跌，也不過是暫時的現象，最終還是會跟著均線向上發展。反之，均線向下發展時，股價自然也會下跌。

也就是說，股價大多追隨著均線趨勢而動。因此買賣股票時只要搭上均線發展的順風車，自然可以從中獲利。

前文已經以 5 日線和 20 日線為例說明均線的技巧，除此之外，還有其他用來預測趨勢的均線，也就是 3 日線、7 日線和 10 日線。

補足 5 日線、20 日線的落後特性

5 日線和 20 日線的落後特性讓人有點擔心。因為當 5 日線轉而向下時，常有幾根 K 線早已下跌或落入打底區了。

上漲趨勢也一樣。5 日線、20 日線適用於以幾個月為單位，進行長期買賣的「掌握股價波動慣性」手法。但因具有落後特性，對

靠幾天的短期買賣，來獲利的「散彈槍」投資手法來說，實在不能
說合適。

所以，**我也針對是否有能儘早掌握漲跌趨勢起點的均線，進行
研究。**

均線其實是把一定期間的平均收盤價畫成圖表的結果。期間越
短的均線，反應股價波動的速度就越快。所以我想試著運用期間比
5 日、20 日更短的均線。然而期間太短波動又太劇烈，反而難以掌
握股價變化。

經過不斷地研究，我設定了約為 5 日線一半的 3 日線、20 日線
一半的 10 日線，以及幾乎是 5 日線和 10 日線中間的 7 日線（因為
5 日和 10 日之間距離太長）。

7 日線其實是「職人直覺」所導出的結果。就像木工或鐵工職
人，在進行最後 0.1mm 單位的調整時，會仰賴自己雙手的觸感一樣。
我試過許多均線後，最後再用自己的雙眼確認，導出「就是它了！」
的均線，也就是 7 日線。

我立刻在 30 年間的日經指數圖上，加入 3 日線、5 日線、7 日線、
10 日線，結果出現極為優美的股價波動圖，更容易了解趨勢。而且
可以更精準地掌握趨勢的起點。

當然不光是日線，**週線和月線也可以早一步察覺趨勢轉換的起
點。**只要把週線設定為 3 週、5 週、7 週，把月線設定為 3 個月、5
個月、7 個月即可。

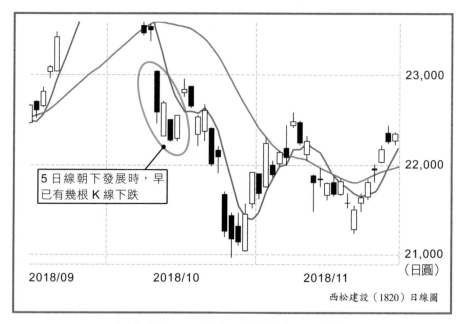

5 日線朝下發展時，早
已有幾根 K 線下跌

2018/09   2018/10   2018/11

23,000

22,000

21,000
（日圓）

西松建設（1820）日線圖

圖表 94　5 日線朝下發展時的示意圖

5、7 日線預測漲跌趨勢和力道

是漲還是跌？趨勢方向可以經由均線排列方式判斷得知。

前面已經說明過，看 5 日線和 20 日線的位置和傾斜，即可預測
趨勢。而 3、5、7、10、20 日線也一樣。

由上而下依序為 3、5、7、10、20 日線，且都向上發展時，就
是上漲趨勢。反之由上而下依序為 20、10、7、5、3 日線，且都向
下發展時，就是下跌趨勢。

此外，若均線間隔距離越遠，就可說漲跌力道越強。

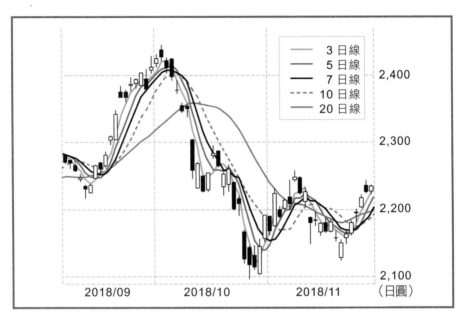

圖表 95　加入 3 日、7 日、10 日線的線圖（日經日線）

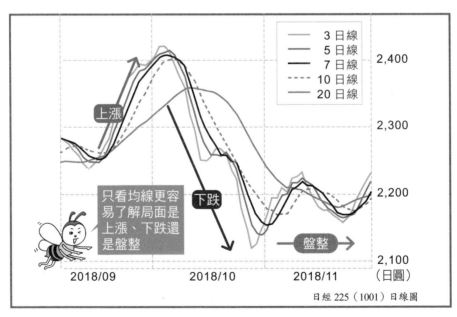

圖表 96　消除上面的線圖中的 K 線後

均線排列亂七八糟，沒有確定的上下和方向時，就是盤整局面。

當 K 線混亂難以掌握趨勢時，可以只看均線（實際叫出均線來看看）。線圖上除去 K 線只留下均線，應該更容易掌握局面是上漲、盤整還是下跌。

線圖小知識

我常用的軟體是「線圖藝廊（Chart Gallery）」。我在線圖上分別用粉紅色、紅色、黑色、黃綠色、綠色來標示 3 日線、5 日線、7 日線、10 日線和 20 日線。

3 條均線出現「川」，
表示趨勢轉換

關注均線重疊的「川」走勢

第 5 章曾經說明股價的波動模式，就是反覆由 A 局面（下跌）
→ B 局面（盤整）→ C 局面（上漲）。還提過順勢操作買賣可增加
獲利。

要順勢搭上順風車，重要的是找出**趨勢轉換點**。而找出趨勢轉
換點的技巧就是「川」。

上漲觸頂轉進 A 局面（下跌）時，3、5、7、20 線的排列必須
由上而下依序為 20、7、5、3 才行。

要成為這種排列，3、5、7 的位置必須反轉，並走到 20 日（週）
線下方。

整體走勢會先看到均線之間距離變窄，然後重疊。之後相交，3、
5、7 的位置反轉，變成 7、5、3 的均線排列，然後 3、5、7 依序由
上而下穿過 20 日（週）線，進入 A 局面（下跌）。

如同第 195 頁圖所示，**3 條均線陸續穿過 20 週線**，這一連串的

走勢我稱之為「川」。

「川」下跌劇烈時，看起來像「瀑布」

「川」這個命名，大家只要看圖就可以一目了然。進入下跌局面的川，看起來或許也像是三道氣勢磅礡的瀑布，由上游沖洶而下。

由 A 局面（下跌）進入 B 局面（盤整），再由 B 局面（盤整）進入 C 局面（上漲）時，也都會形成川。

在 B 局面中，原本在 20 日（週）線下方來回的三條均線的排列重疊，而後相交，**變成由上而下依序為 3、5、7 日（週）線的排列**。接著，由 3 日（週）線帶頭，開始依序向上突破 20 日（週）線，於是就由盤整進入上漲趨勢。

也就是說，不論漲跌，在趨勢轉換時三條均線會先重疊，然後相交，依照 3、5、7 的順序穿過 20 日（週）線形成川。這種均線走勢可說是順勢操作買賣時，不可錯失的重要關鍵。[*]

利用均線排列、川、局面操作

請大家再看一次圖表 97 和圖表 98。

簡單的局面是 C 局面（上漲）、A 局面（下跌）。

---

[*] 盤整時也會出現小型的川，股價反覆漲跌。

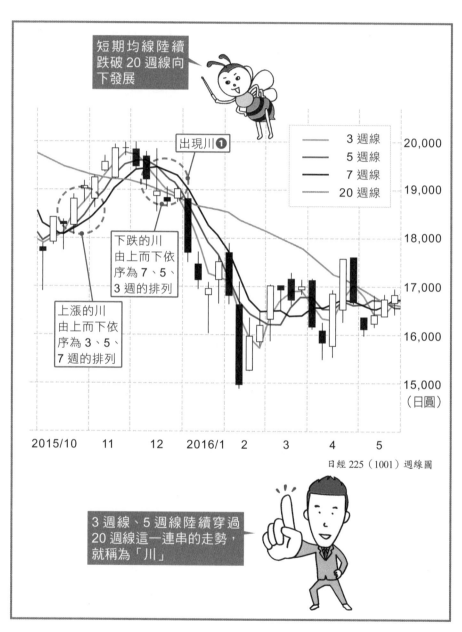

圖表 97　經由「川」察覺趨勢轉換

圖表 97 在川❶後，趨勢正式進入 A 局面。A 局面就是不管什麼時候賣出，都可獲利的局面。

然而，出現有下影線的紅 K 線那一週，要繼續持有空頭部位（信用交易先賣再買）會有心理壓力。預測不是百分百準確，實際操作時也有可能原以為會跌，結果卻連續出現紅 K 線，反而進入上漲的趨勢。

出現有下影線的紅 K 線那一週，或許先平空頭倉比較安心。之後進入盤整的 B 局面。B 局面就是股價在一定區間內來回的階段，必須勤於買賣，不能說是簡單的局面。

在 B 局面，應該要看著低點和高點的演變與關卡來操盤（是適合利用後面要說明的 Kokoda 買賣的局面）。

B 局面途中出現川❷。不過這個川並不是老實地向上發展。話雖如此，3、5、7 週線都在 20 週線上方，所以還可繼續期待進入上漲趨勢。觀察後發現轉換至 C 局面。這可說是什麼時候買進都可獲利的局面。

確認川出現，就能稱霸的簡單局面

出現川，就可推測趨勢真的要轉換了。容易判斷漲跌趨勢的局面，從獲利的角度來看，或許也可說是簡單的局面。

在可判斷為 A 局面、C 局面的局面，只要在均線排列不崩壞，或再次出現川之前，原則上 A 局面就進場賣出，C 局面就進場買進，

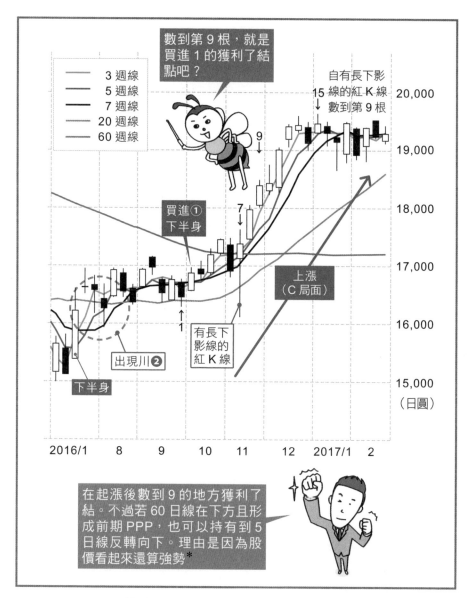

圖表 98　經由「川」察覺趨勢轉換

---

* 如上圖所示，數到 9 的途中第 7 根已出現長下影線的 K 線時，也可以從那裡再開始
　從頭數起。因為上漲的起點（最便宜的地方）也可以看成是那根下影線。

然後持有即可獲利。

再使用關卡或「9 日法則」，頻繁反覆獲利了結，如此至少不
會大虧。

所以，在 A 局面、C 局面操作，在方向不明的 B 局面不操作，
這也是一種選擇。

到目前為止，我說明了用均線確認趨勢後買賣的技術。

其實 K 線也有新技巧，可以更精準地預測股價波動，判斷買賣
時間點。

這個新技巧就是「Kokoda」。只要學會 Kokoda，即使在操盤
困難的 B 局面也可正確地操盤。

線圖小知識

❶ 長下影線表示當天盤中被大賣的股價又大幅反彈回升，之
後股價也可能暴漲。

❷ 20 日線的方向以及 K 線在其上方或下方，是預測趨勢的重
要關鍵。

找出 Kokoda，精準抓住買賣時機

用 K 線高精準地預測股價波動

買賣股票要賺錢，就必須順著股價波動的趨勢買賣，這已是老生常談。股價波動不外乎是漲、跌、盤整的排列組合。就算在盤整期間，股價也並非靜止不動，而是在一定的範圍內上下波動。前面介紹過預測股價波動的技巧之一，就是看收盤價是否突破或跌破前一波的高低點，來推測股價趨勢。

Kokoda 也是預測趨勢，讓投資人更容易進場買賣的技術之一。只要學會這個技巧，就算股價未突破前一波的高低點，或是股價處於盤整期間，也可以預測股價走勢，找出最合宜的買賣時機。

讓你不經意脫口而出「就是這裡！」

Kokoda（日文「在這裡」的音譯）利用兩根紅 K 線或兩根黑 K 線，也就是兩根 K 線的位置關係，來預測股價會漲還是跌（見圖表97）。

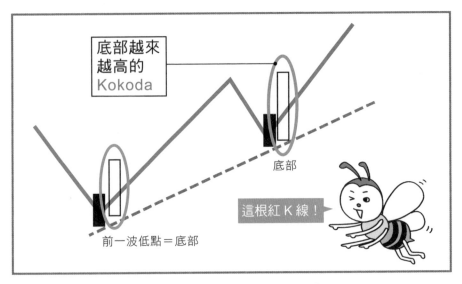

圖表 99　低點（＝底部）屢創新高的「Kokoda」

　　兩根紅 K 線要看的是低點。出現紅 K 線後上漲，然後反轉向下或盤整，接著再出現紅 K 線。若第二根紅 K 線的低點位置比第一根高，即可預測下跌或盤整不過是暫時現象，股價還會再漲。

　　之前一直漲的 K 線反轉向下或盤整時，還沒跌到上一根紅 K 線的位置時，又再出現紅 K 線時，那就是「Kokoda」！此時就應該考慮買進。

　　正在猶豫何時進場買進時，出現紅 K 線。這正是會讓人不經意脫口而出「買點就在這裡！」的情形，所以才會命名為 Kokoda（之所以用羅馬拼音，是因為我希望在海外也能通用……笑）。

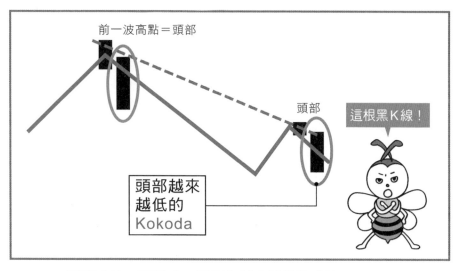

圖表 100　高點（＝頭部）越來越低的「Kokoda」

「賣點就在這裡！」預測下跌

而兩根黑 K 線看的則是高點。假設之前一直跌的 K 線反彈向上或盤整，然後出現一根黑 K 線，位置比起跌時的黑 K 線更低，之後股價會如何發展呢？答案就是可以預測股價將下跌。

此時，或許有人會不經意脫口而出「賣點就在這裡（Kokoda）！」相對於前一根黑 K 線，讓人脫口而出「就在這裡（Kokoda）！」的位置，就是 Kokoda。

找出 Kokoda 的目的，就是要明確找出下跌中途暫時反彈，然後再次反轉向下的時間點，和觸底反彈的時間點，還有上漲中途暫時反轉向下，然後再次反彈上漲的時間點等。**請把 Kokoda 當成是**

更正確預測趨勢轉換的工具之一。

下一頁起將利用實際線圖，具體說明 Kokoda 的使用方法。

線圖小知識

在上漲局面的「9日法則」，就是上漲會在第9根 K 線時停止的法則。話雖如此，若第8根出現黑 K 線時，發覺「奇怪！」也很重要。

從 Kokoda 看出漲跌翻轉時機

可確認由漲到跌的趨勢轉換

接著以日本的國際石油開發帝石的週線圖，來說明找出 Kokoda 的方法。

請看圖表 101。上漲趨勢轉為下跌的關鍵為黑 K 線❶。但在這個時間點，還不清楚這裡是不是作頭區。

然後，再次出現黑 K 線。請看均線，在上漲趨勢中原本由上而下依序為 3、5、7 週線的均線形成交叉，排列位置逆轉。此時或許可以下賣單。

趨勢轉為下跌了。

由盤整進入上漲趨勢的 Kokoda

出現紅 K 線ⓐ。若手上有空頭部位，或許也可以平空頭倉了。接著出現紅 K 線ⓑ，低點還比ⓐ高。

此時的ⓑ就是相對於ⓐ的 Kokoda；趨勢在此轉換成上漲，也是結束空頭部位轉為買進的時機。

由上漲轉為下跌的 Kokoda

起漲點為ⓐ。以「9 日法則」來算，8 為黑 K 線，其次也是黑 K 線❷。❷的高點低於❶。

這麼一來，❷就是相對於❶的 Kokoda。高點低於前一個高點，可預測將進入下跌趨勢。手上有持股的投資人，在這裡先賣出比較安全。

之後用下一根黑 K 線確認下跌後，開始布局空單吧。

盤整中的買賣時機的 Kokoda

從黑 K 線❷開始就是下跌的 A 局面。不論什麼時候賣都可獲利，可說是簡單的局面。之後進入 B 局面盤整，靜觀其變也是一種選擇。然而這裡也出現了紅 K 線的 Kokoda。相對於紅 K 線❶，紅 K 線❷的低點更高。然後又出現紅 K 線❸。這是相對於紅 K 線❷低點創新高的 Kokoda。

低點越來越高，接下來可望進入上漲趨勢的 C 局面，因此可在紅 K 線❷或紅 K 線❸買進。可是後來出現了黑 K 線❸，於是可考慮平多頭倉。

然而黑 K 線❸時要下賣單，還是會讓人猶豫不決。接著又出現

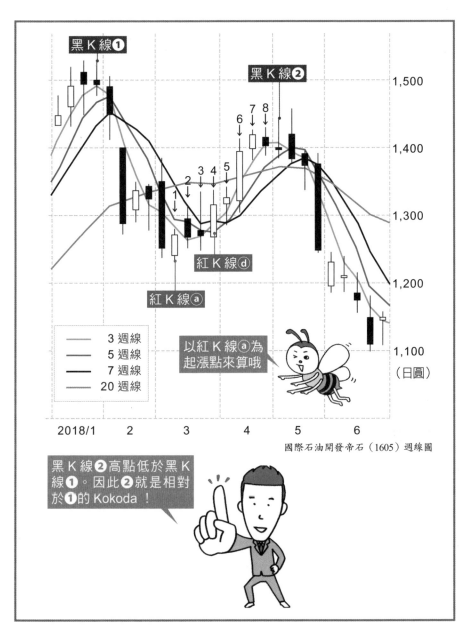

圖表 101　經由「川」察覺趨勢轉換

黑 K 線❹，黑 K 線❹的高點低於黑 K 線❸。這是相對於黑 K 線❸
的 Kokoda，是可以布局賣單的時機。

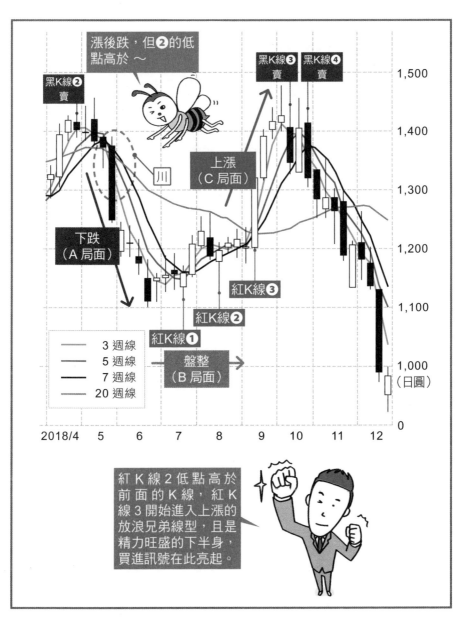

圖表 102　盤整中的買賣時機的 Kokoda

把 Kokoda 當成「群組」，更能提高預測精準度

除了單點，還有「群組 Kokoda」

到目前為止，我已經說明由兩根紅 K 線、兩根黑 K 線所形成的 Kokoda。

除了這種單點式的狀況，還有「群組 Kokoda 式」。群組 Kokoda 也是預測止跌或趨勢轉換的工具。

群組 Kokoda 指的是幾根價格幾乎相同（以高點或低點為基準）的 K 線在下跌或上漲途中排列在一起的狀況。

群組❶開始下跌，進入群組❷，然後反彈向上出現群組❸。❸是相對於❶的高點群組，可說是相對於❶的群組 Kokoda。底部越來越高，所以是可期待上漲的局面，但後來又下跌了。不過，群組❹的底部高於❷，所以是群組 Kokoda。可做出止跌的預測。

為什麼要用群組方式來看 Kokoda？

為什麼不單看一根 K 線，而是要看幾根 K 線的群組呢？有人一

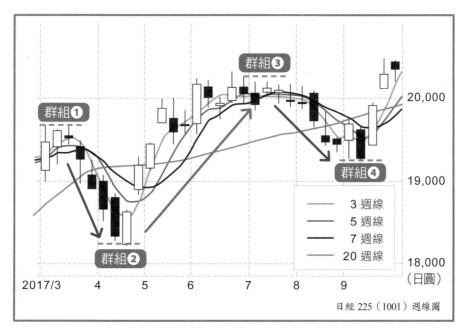

圖表 103　何謂「群組 Kokoda」？

定有這種疑問。

　　我的回答如下。

　　舉例來說，紅 K 線 A 和紅 K 線 B 的關係是低點越來越高，所以 B 是相對於 A 的 Kokoda，應該會轉為上漲。然而紅 K 線 B 之後卻出現黑 K 線。正是讓人有「咦？」想法的時候。

　　如果用 ❷ 和 ❹ 的群組概念來看，❹ 的低點較高。所以可判斷看到這根黑 K 線（紅 K 線 B 之後）就預測會進入下跌趨勢而下賣單的決定，太過躁進。果然後來出現了相對於紅 K 線 B 的 C 的

Kokoda。又反彈向上了。

從單點和群組兩個角度來掌握 Kokoda，能更精準地掌握股價波
動，降低操盤錯誤的機率。

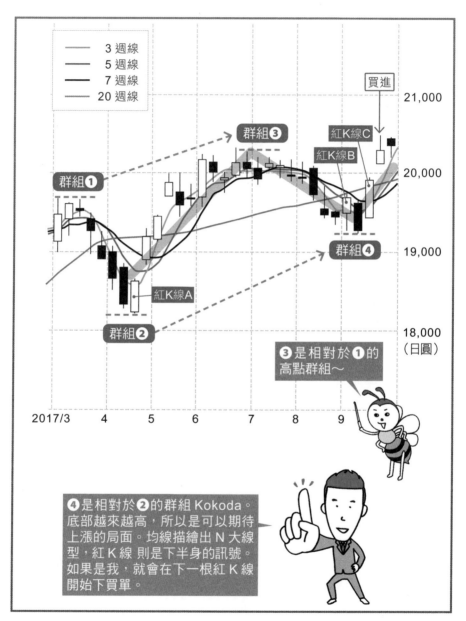

圖表 104　試著以「群組 Kokoda」來看

如何活用 Kokoda ？

充分活用 Kokoda、9 日法則及關卡操盤

那麼就讓我們利用日經指數的週線圖，模擬操盤吧。

大盤雖然從 2017 年 3 月開始跌跌不休，但在群組❷時止跌了。不過，群組❷是否是底部，這件事要事後才能判斷。下一根紅 K 線形成下半身，可布局買進。股價雖反彈向上，但以群組❷為起點套用「9 日法則」，第 8 根卻出現黑 K 線。此時就要敏銳察覺「奇怪！」，平多頭倉才好。

接著，大盤將進入盤整。

其實，相對於紅 K 線ⓐ，紅 K 線ⓑ是低點較高的 Kokoda，但局面仍舊處於盤整。這一點可由 20 週線幾乎躺平的現象推測出來。

就算 20 週線向下發展，常常也不會順利轉而向上。

當持續盤整後，均線之間靠在一起，即可預測趨勢會朝上或朝下發展。結果均線排列變成由上而下依序為 7、5、3，又出現長黑 K 線。此時下賣單。

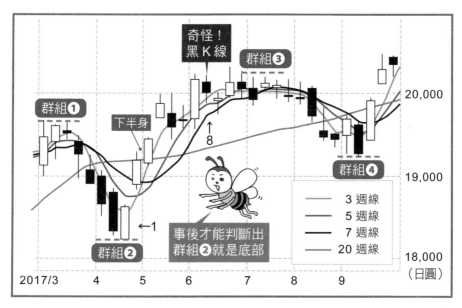

圖表 105　試著用 Kokoda 操盤吧❶

進入隨時買進都可獲利的上漲趨勢

接著本以為會進一步下跌，誰知道此時出現了紅 K 線❷。這是相對於紅 K 線❶，低點較高的 Kokoda。此時可預測大盤即將起漲，就要平空頭倉。紅 K 線❸的低點比紅 K 線❶和❷更高，是相對於這兩者的 Kokoda。接著在 5 週線上方，出現了 K 線一半以上的實體突出週線的下半身。此時下買單。

終於形成川，在上方圖中均線排列由上而下變成 3、5、7、20，成為漂亮的 PPP。在這個局面中不論何時買進都可獲利，可說是簡單的局面（但這一點也要事後才會知道！）。

在起漲初期先買進，出現下一根紅 K 線後加碼。雖然中途出現黑 K 線，但之後紅 K 線的收盤價還是超過黑 K 線，高低點同步墊高，於是再度加碼買進。

買進後的獲利了結時間點，就用「9 日法則」來決定。

由頭部進入靠賣出獲利的下跌趨勢

到此漲勢告一段落進入盤整。3、5 週線的方向性不明，股價看來疲軟。在這種局面也可以不用勉強進場。

接下來的進場時機，就是大盤突破盤整局勢時，出現紅 K 線後

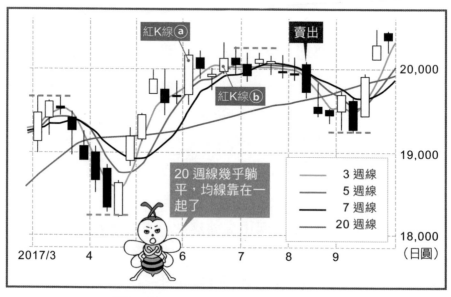

圖表 106　試著用 Kokoda 操盤吧❷

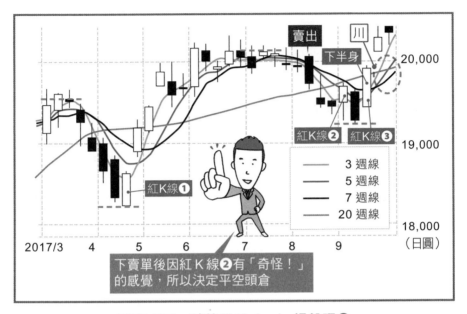

圖表 107　試著用 Kokoda 操盤吧❸

買進。然而其後出現了黑 K 線。仔細觀察一下發現是 24000 點大關，是整數股價。大盤無法突破 24000 點大關。

在無法突破關卡的局面就布局賣出。出現下一根黑 K 線，即判斷將轉為下跌趨勢而加碼賣出。均線排列由上而下依序為 7、5、3 時再度加碼賣出。此時的空頭部位就根據「9 日法則」回補。

然而，在那之後出現了紅 K 線（算到第 4 根），看到這根紅 K 線就先暫時平空頭倉，這是符合現實的操作，在此特別附註說明。

213

活用 Kokoda 操盤的整理

Kokoda 是看著高低點下探或墊高來判斷趨勢的訊號。

而且也是進場布局買賣的時機點。

現實中操盤時，請搭配第 4 至 6 章說明的下半身與「9 日法則」
等買賣訊號、均線排列和 Kokoda，來判斷買賣時間點吧。

磨鍊一個技巧到極致很重要，但若能充分活用多種技巧，可以
更精準地預測趨勢，也可降低操盤失敗的機率。

儘量不落入虧損的窘境、較不會失敗的操作，就是在 A 局面和
C 局面的操作。而且，如果均線排列是 PPP、反 PPP 線型，不論何
時進場都容易獲利。

這種簡單的局面，1 年中一定會出現幾次。不要選在困難的局
面出手，而是等待簡單的局面出現，腳踏實地累積獲利，這也是一
種選擇。

線圖小知識

有人或許會想與其加碼買賣，不如一開始就大買大賣。然而現
實中卻怕到不敢出手。其實只要一邊確認趨勢，一邊增加部位
即可。

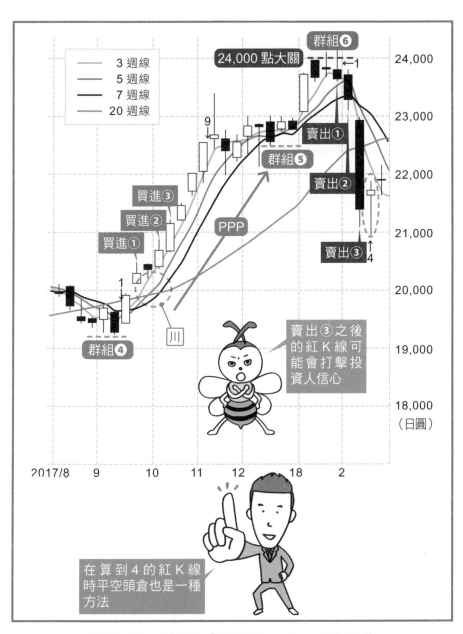

圖表 108　試著用「群組 Kokoda」掌握局勢

相場語錄❿

練習時跳不出3圈半，
正式上場時也跳不出來

\ 語錄解說 /

下一句是「練習100次有80次成功，
那麼正式上場時應該也會成功」。這
是以花式滑冰為例來說明練習的重要
性。若能利用過去的線圖模擬操盤
100次，那麼實際投入資金操盤時，
應該有8成的成功機率吧。不過，光
是這樣並無法達到100%。

這是要告訴我們「練
習沒有終點」吧！

結語

不斷精進練習，
讓你在股市屢戰屢勝

　　若每天看盤，想發現值得注意的訊號時，能有一本像圖鑑的參考書，拿來即可確認那是賣出或買進的訊號，那就好了。這也是我編纂本書的初衷。本書內容網羅了現階段我研究出的所有訊號。就像我給那些訊號的有趣命名一樣，我相信這會是一本有趣的書籍。

　　然而，在編纂的過程中，我也有一些感觸。雖然有老王賣瓜的嫌疑，但我還是不禁覺得，自己研究出的訊號「真是太厲害了！」

　　職人很寶貝自己的工具。料理職人一定會常常磨刀，確保刀鋒銳利能發揮食材的美味。

　　對於自詡為股市職人的我來說，訊號就是我的工具之一，所以我必須時時磨鍊這個工具。每天我都兢兢業業地驗證與研究，有沒有哪裡有陷阱？有沒有能更精準預測股價波動的方法？

　　這次也介紹了新技巧給大家，但這不會是終點。只要驗證幾萬年分量的線圖，一定還有可以開發的技巧。技巧會不斷地進化。

　　我在自己主持的股票教室中，常不厭其煩地對學員們說：「要強硬起來！要努力再努力！」如果想在股市獲利，就要研讀過去的

線圖。我建議大家大量地練習看線圖，「出現這個訊號後股價就會
這樣動」、「這裡就是買賣時機點」等。日復一日練習，操盤功力
自然會和你的練習量等比增加。

　　師傅帶進門，修行看個人。光讀書不可能學會技巧。只有腳踏
實地不斷練習，才能讓技巧為自己所用。投資股票不用學歷也不用
才能，只要肯埋首努力即可。

　　努力一定會有回報！「幾年後要賺 1 億圓！」這不是夢想，是
現實。股票教室的學員中還有人是以 10 億日圓為目標，不斷地努力
練習。有些人事業有成，已經退休享福，卻還是勇於挑戰投資，努
力不懈。

　　我必須再強調一次，練習最重要。可是有時一個人練習很辛苦，
會感到厭煩。甚至覺得，已經到達極限，無法再繼續下去了。此時，
我會建議大家來參加股票教室主辦的讀書會。這裡有同好，而且看
到別人練習的樣子，也可以激勵自己。最大的好處就是可以聽我親
自授課（笑）。並且還可以學習到不斷進化中的相場流投資術最新
理論。

　　這的確是在宣傳打廣告，不過就像是得到一流教練加持的一流
運動選手，可以有效地改寫個人最佳成績一樣，借助教練的力量可
以最快到達終點，這也是不爭的事實。

　　我也為了提供大家更有價值的授課內容，不斷地精進自己的技
巧。各位也是有緣才會購買本書。就讓我們更加珍惜這段緣分吧。

　　我期待大家都能活用本書，並在股海中屢戰屢勝！

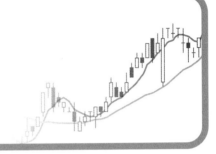

【附錄】

讀者獨享

相場師朗的有用操盤資訊

在 LINE 加入相場師朗台灣官方帳號好友，即可收到免費的操盤資訊。

LINE ID 搜尋：@500wtdel

或掃描 QR Code：

相場師朗老師台灣官方網站：

https://www.aibashiro.tw/

翻轉學 翻轉學系列 036

【圖解】日本股神屢戰屢勝的技術線圖投資法

108 張圖 ×40 種 K 線組合 ×23 款獨門判讀祕訣，讓你第一次學技術分析就高效獲利
36 年連戰連勝 伝説の株職人が教える！株チャート図鑑

作　　者	相場師朗
譯　　者	李貞慧
總 編 輯	何玉美
主　　編	林俊安
責任編輯	鄒人郁
封面設計	FE 工作室
內文排版	黃雅芬

出版發行	采實文化事業股份有限公司
行銷企劃	陳佩宜‧黃于庭‧馮羿勳‧蔡雨庭‧曾睦桓
業務發行	張世明‧林踏欣‧林坤蓉‧王貞玉‧張惠屏
國際版權	王俐雯‧林冠妤
印務採購	曾玉霞
會計行政	王雅蕙‧李韶婉‧簡佩鈺
法律顧問	第一國際法律事務所　余淑杏律師
電子信箱	acme@acmebook.com.tw
采實官網	www.acmebook.com.tw
采實臉書	www.facebook.com/acmebook01

I S B N	978-986-507-152-3
定　　價	350 元
初版一刷	2020 年 7 月
劃撥帳號	50148859
劃撥戶名	采實文化事業股份有限公司
	104 台北市中山區南京東路二段 95 號 9 樓
	電話：(02)2511-9798　傳真：(02)2571-3298

國家圖書館出版品預行編目資料

【圖解】日本股神屢戰屢勝的技術線圖投資法：108 張圖 ×40 種 K 線組合
×23 款獨門判讀祕訣，讓你第一次學技術分析就高效獲利 / 相場師朗著；
李貞慧譯 – 台北市：采實文化，2020.7
224 面；17×23 公分 . -- （翻轉學系列；36）
譯自：36 年連戰連勝 伝説の株職人が教える！株チャート図鑑
ISBN 978-986-507-152-3（平裝）

1. 股票投資 2. 投資技術 3. 投資分析

563.53　　　　　　　　　　　　　　　　　　　　109007600

36 NEN RENSEN RENSHO DENSETSU NO KABUSHOKUNIN GA OSHIERU! KABU
CHART ZUKAN
Copyright © 2019 Shiro Aiba
Original Japanese edition published in Japan in 2019 by SB Creative Corp.
Traditional Chinese edition copyright © 2020 by ACME Publishing Co.,Ltd.
Traditional Chinese translation rights arranged with SB Creative Corp.
through Keio Cultural Enterprise Co., Ltd.
All rights reserved.

采實出版集團
ACME PUBLISHING GROUP
版權所有，未經同意不得
重製、轉載、翻印

翻轉學

翻轉學